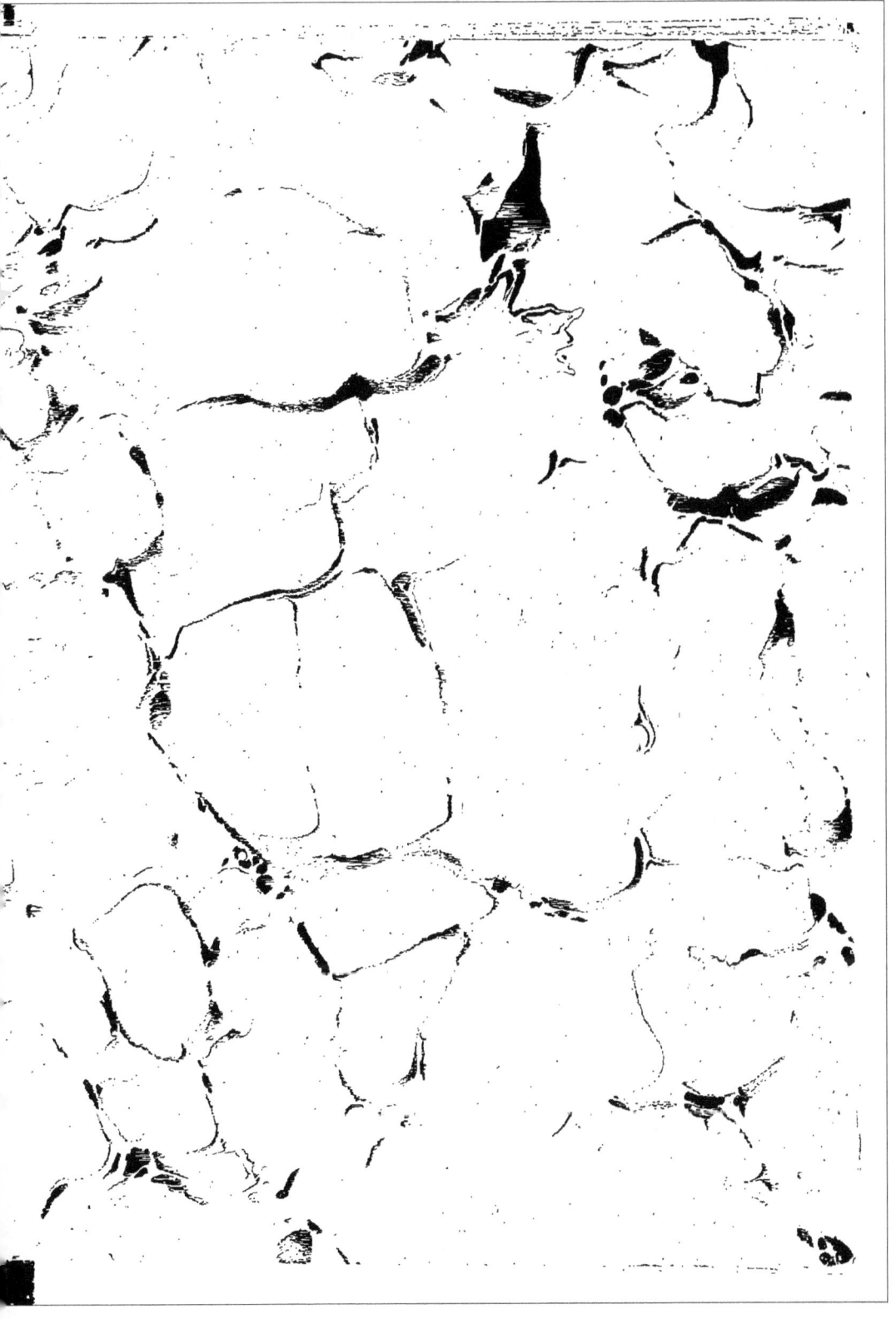

J. BOULANGER

Montaigne Chrétien

32886

MONTAIGNE

CHRÉTIEN

OUVRAGES DE L. DE LA BRIÈRE

Madame de Sévigné en Bretagne : Ouvrage couronné par l'Académie Française.
L'autre France : Voyage au Canada.
Le chemin n° 107 : Fantaisie administrative.
Au Cercle : Etude sur la haute société d'Europe.
A Rome : Lettres d'un zouave pontifical sur le jubilé sacerdotal de Léon XIII.
Blanc et Noir : Contes courts.
Mes Amis : Souvenirs personnels.
Les saints dans le monde.
Etudes historiques sur l'ordre de Malte.
Ferry de Carondelet : Ambassadeur à Rome.
Livre de prières de Gaston Phébus, comte de Foix, édition pour les modernes.

ÉMILE COLIN — IMPRIMERIE DE LAGNY

L. DE LA BRIÈRE

Montaigne chrétien

RÉFLEXIONS TIRÉES DES « ESSAIS »

PARIS

ANCIENNE LIBRAIRIE KOLB

LÉON CHAILLEY, SUC^r

8 RUE SAINT-JOSEPH, 8

Cette publication
Se place sous les religieux auspices
de

JEANNE DE LESTONNAC

MARQUISE DE MONTFERRAND

Fille de Jeanne de Montaigne

ET NIÈCE DE MICHEL DE MONTAIGNE

Morte en odeur de Sainteté

PROCLAMÉE VÉNÉRABLE

Par le Pape Grégoire XVI.

ET DÉCRÉTÉE HÉROÏQUE EN SES VERTUS

Par le Pape Léon XIII.

PROFESSION DE FOI

En ce debat, par lequel la France est à present agitee, le meilleur et le plus sain party est sans doubte celuy qui maintient la religion ancienne du païs.

Ainsi me suis-je, par la grace de Dieu, conservé entier, sans agitation et trouble de conscience, aux anciennes creances de nostre religion, au travers de tant de sectes et de divisions que nostre siècle a produictes.

Je propose des fantasies informes et irre-

solues, comme font ceulx qui publient des questions doubteuses à desbattre aux escholes, non pour establir la verite, mais pour la chercher ; et les soubmets au jugement de ceulx à qui il touche de regler, non seulement mes actions et mes escripts, mais encore mes pensees. Egualement m'en sera acceptable et utile la condemnation comme l'approbation, tenant pour absurde et impie, si rien se rencontre, ignoramment ou inadvertamment couché en cette rapsodie, contraire aux sainctes resolutions et prescriptions de l'Eglise catholique, apostolique et romaine, en laquelle je meurs, et en laquelle je suis nay : et pourtant, me remettant tousjours à l'autorité de leur censure.

Je propose les fantasies humaines, et miennes, simplement comme humaines fantasies, et separeement considerees; non comme arrestees et reglees par l'ordonnance celeste incapable de doubte et d'al-

tercation; *matiere d'opinion, non matière de foy; ce que je discours selon moy, non ce que je crois selon Dieu; d'un façon laïque, non clericale, mais toujours tres-religieuse; comme les enfants proposent leurs essais, instruisables, non instruisants.*

Adjoustant toujours ce refrain, non un refrain de cerimonie, mais de naïfve et essentielle soubmission, « *que je parle enquerant et ignorant, me rapportant de la resolution, purement et simplement, aux creances communes et légitimes.* » *Je n'enseigne point, je raconte.*

C'est aux apprentifs à enquérir et à débattre, et aux cathédrant de résoudre. Mon cathédrant c'est l'auctorité de la volonté divine qui nous règle sans contredict et qui a son rang audessus de ces humaines et vaines contestations.

LA FOI ET LA RAISON

LA FOI PUR DON

―――

La participation que nous avons à la cognoissance de la Verité, quelle qu'elle soit, ce n'est point par nos propres forces que nous l'avons acquise : Dieu nous a assez apprins cela par les tesmoings qu'il a choisis du vulgaire, simples et ignorants, pour nous instruire de ses admirables secrets. Nostre foy, ce n'est pas nostre acquest; c'est un pur present de la libéralité d'aultruy : ce n'est pas par discours, ou par nostre entendement, que nous avons receu nostre religion; c'est par auctorité et par commandement estrangier : la foiblesse de nostre jugement nous y aide plus que la force, et nostre aveuglement plus que nostre clairvoyance; c'est par l'entremise de nostre ignorance, plus que de nostre science, que nous sommes sçavants de ce divin sçavoir. Ce n'est pas merveille, si nos moyens naturels et terrestres ne peuvent concevoir cette cognoissance supernaturelle et celeste : apportons y seulement, du nostre, l'obéïssance et la subjection ; car, comme il est escript : « Je destruiray la sapience des sages, et abbattray la prudence des prudents. »

SI NOUS AVIONS LA FOI

Si nous tenions à Dieu par l'entremise d'une foy vifve; si nous tenions à Dieu par luy, non par nous; si nous avions un pied et un fondement divin, les occasions humaines n'auroient pas le pouvoir de nous esbransler comme elles ont; nostre fort ne seroit pas pour se rendre à une si foible batterie; l'amour de la nouvelleté la contraincte des princes, la bonne fortune d'un party, le changement temeraire et fortuit de nos opinions, n'auroient pas la force de secouer et alterer nostre croyance ; nous ne la lairrions pas troubler à la mercy d'un nouvel argument, et à la persuasion, non pas de toute la rhetorique qui feut oncques ; nous soutiendrons ces flots, d'une fermeté inflexible et immobile.

Si ce rayon de la Divinité nous touchoit aucunement, il y paroistroit partout ; non seulement nos paroles, mais encores nos operations, en porteroient la lueur et le lustre ; tout ce qui partiroit de nous, on le verroit illuminé de cette noble clarté. Nous debvrions avoir honte, qu'ez sectes humaines il ne feut jamais partisan, quelque difficulté et estrangeté que mainteinst sa doctrine, qui n'y conformast aucunement ses desportements et sa vie : et une si divine et celeste institution ne marque les chrestiens que par la langue !

Si nous avions une seule goutte de foy, nous remuerions les montaignes de leur place, dit la saincte Parole : nos actions, qui seroient guidees et accompaignees de la Divinité, ne seroient pas simplement humaines ; elles auroient quelque chose de miraculeux comme nostre croyance.

LA RAISON SANS LA GRACE

Toutes choses produites par nostre propre discours et suffisance, autant vrayes que faulses, sont subjectes à incertitude et débat. C'est pour le chastiment de nostre fierté, et instruction de notre misere et incapacité, que Dieu produisit le trouble et la confusion de l'ancienne tour de Babel : tout ce que nous entreprenons sans son assistance, tout ce que nous veoyons sans la lampe de sa grâce, ce n'est que vanité et folie ; l'essence mesme de la vérité, qui est uniforme et constante, quand la fortune nous en donne la possession, nous la corrompons et abastardissons par nostre foiblesse. Quelque train que l'homme prenne de soy, Dieu permet qu'il arrive tousjours à cette mesme confusion, de laquelle il nous represente si vifvement l'image par le juste chastiement de quoy il battit l'oultrecuidance de Nembroth, et aneantit les vaines entreprinses du bastiment de sa pyramide : *Perdam sapientiam sapientium, et prudentiam prudentium reprobabo.* La diversité d'idiomes et de langues de quoy il troubla cet ouvrage, qu'est ce aultre chose que cette infinie et perpétuelle altercation et discordance d'opinions et de raisons, qui accompaigne et embrouille le vain bastiment de l'humaine science ?

Les choses qui nous viennent du ciel ont seules droict et auctorité de persuation ; seules, la marque de vérité : laquelle aussi ne veoyons nous pas de nos yeulx, ny ne la recevons par nos moyens ; cette saincte et grande image ne pourroit pas en un si chestif domicile, si Dieu pour cet usage ne le prépare, si Dieu ne la reforme et fortifie par sa grace et faveur particulière et surnaturelle.

Se faire la poignee plus grande que le poing, la brassee plus grande que le bras, et d'esperer enjamber plus que de l'estendue de nos jambes, cela est impossible et monstrueux ; ny que l'homme se monte au dessus de soy et de l'humanité : car il ne peult voir que de ses yeulx, n'y saisir que de ses prinses. Il s'eslevera, sy Dieu luy preste extraordinairement la main ; il s'eslevera, abandonnant et renonçeant à ses propres moyens, et se laissant haulser et soublever par les moyens purement celestes. C'est à nostre foy chrestienne de pretendre à cette divine et miraculeuse métamorphose.

LA RAISON AVEC LA GRACE

A une chose si divine et si haultaine, et surpassant de si loing l'humaine intelligence, comme est cette Verité de laquelle il a pleu à la bonté de Dieu nous esclairer, il est bien besoing qu'il nous preste encores son secours, d'une faveur extraordinaire et privilegiee, pour la pouvoir concevoir et loger en nous ; et ne crois pas que les moyens purement humains en soient aulcunement capables ; et, s'ils l'estoient, tant d'ames rares et excellentes, et si abondamment garnies de forces naturelles ez siecles anciens, n'eussent pas failly, par leur discours, d'arriver à cette cognoissance. C'est la foy seule qui embrasse vifvement et certainement les haults mysteres de nostre religion.

Mais ce n'est pas à dire que ce ne soit une tresbelle et treslouable entreprinse d'accommoder encores au service de nostre foy les utils naturels et humains que Dieu nous a donnez; il ne fault pas doubter que ce ne soit l'usage le plus honorable que nous leur sçaurions donner, et qu'il n'est occupacion ny desseing plus digne d'un homme chrestien, que de viser, par touts ses estudes et pensements, à embellir, estendre et amplifier la verité de sa creance. Nous ne nous contentons point de servir Dieu d'esprit et d'ame; nous lui debvons encores, et rendons, une reverence corporelle; nous appliquons nos membres mesmes, et nos mouvements, et les choses externes, à l'honnorer : il en fault faire de mesme, et accompaigner nostre foy de toute la raison qui est en nous; mais tousjours avecques cette reservation, de n'estimer pas que ce soit de nous qu'elle despende, ny que nos efforts et arguments puissent attaindre à une supernaturelle et divine science. Si elle n'entre chez nous par une infusion extraordinaire ; si elle y entre non seulement par discours, mais encores par moyens humains, elle n'y est pas en sa dignité ny en sa splendeur.

Nos raisons et nos discours humains c'est comme la matière lourde et stérile : la grâce de Dieu en est la forme; c'est elle qui y donne la façon et le prix. Tout ainsi que les actions vertueuses de Socrates et de Caton demeurent vaines et inutiles, pour n'avoir eu leur fin, et n'avoir regardé l'amour et obéissance du vray createur de toutes choses, et pour avoir ignoré Dieu : ainsin est il de nos imaginations et discours ; ils ont quelque corps ; mais une masse informe, sans façon et sans jour, si la foy et grace de Dieu n'y sont joinctes. La foy venant teindre et illustrer les arguments, elle les rend fermes et solides ; ils sont capables de servir d'acheminement et de premier guide à un apprentif, pour le mettre à la voye de cette cognoissance ; ils le façonnent aulcunement, et rendent capable de la grace de Dieu, par le moyen de laquelle se parfournit, et se perfect aprez, nostre creance.

LA FOI DES SIMPLES

Gents qui jugent et contreroollent leurs juges, ne s'y soubmettent jamais deuement.

Combien, aux loix de la religion se treuvent plus dociles, et aysez à mener les esprits simples et incurieux, que ces esprits surveillants et paidagogues des causes divines et humaines ! L'homme nud et vuide, recognoissant sa foiblesse naturelle, propre à recevoir d'en hault quelque force estrangiere, desgarni d'humaine science, est d'autant plus apte à loger en soy la divine ; aneantissant son jugement pour faire plus de place à la foy ; ny mescreant, ny establissant aulcun dogme contre les observances communes ; humble, obeïssant, disciplinable, studieux, ennemy juré d'heresie, et s'exemptant, par consequent, des vaines et irreligieuses opinions introduictes par les faulses sectes, c'est une charte blanche, preparee à prendre du doigt de Dieu telles formes qu'il luy plaira d'y graver. Plus nous nous renvoyons et commettons à Dieu, et renonceons à nous, mieulx nous en valons.

VANITÉ DE LA SCIENCE

La philosophie ne me semble jamais avoir si beau jeu, que quand elle combat nostre presumption et vanité, quand elle recognoist de bonne foy son irresolution, sa foiblesse, et son ignorance. Il me semble que la mere nourrice des plus faulses opinions, et publicques et particulieres, c'est la trop bonne opinion que l'homme a de soy. Ces gents qui se perchent à chevauchons sur l'epicycle de Mercure, qui veoyent si avant dans le ciel ils m'arrachent les dents : car, en l'estude que je foys, duquel le subject c'est l'homme, trouvant une si extrême variete des jugements, un si profond labyrinthe de difficultez les unes sur les autres, tant de diversité et incertitude en l'eschole mesme de la sapience, vous pouvez penser, puisque ces gents là n'ont peu se resouldre de la cognoissance d'eulx mesmes, et de leur propre condition, qui est continuellement presente à leurs yeulx, qui est dans eulx; puis qu'ils ne sçavent comment bransle ce qu'eulx mesmes font bransler, ny comment nous peindre et deschiffrer les ressorts qu'ils tiennent et manient eulx mesmes comment les croirois-je ?

Quand tout ce qui est venu, par rapport, du passé jusques à nous, seroit vray, et seroit sceu par quelqu'un, ce seroit moins que rien, au prix de ce qui est ignoré. Et de cette mesme image du monde qui coule pendant que nous y sommes, combien chestifve et raccourcie est la cognoissance des plus curieux ? non seulement des evenements particuliers, que fortune rend souvent exemplaires et poisants, mais de l'estat des grandes polices et nations, il nous en eschappe cent fois plus qu'il n'en vient à notre science : nous nous escrions du miracle de l'invention de nostre artillerie, de nostre impression; d'aultres hommes, un aultre bout du monde, à la Chine, en jouïssoient mille ans auparavant. Si nous veoyions autant de monde comme nous n'en veoyons pas, nous appercevrions, comme il est à croire, une perpetuelle multiplication et vicissitude de formes. Il n'y a rien de seul et de rare, eu esgard à nature, ouy bien eu esgard à nostre cognoissance, qui est un miserable fondement de nos regles, et qui nous represente volontiers une tres faulse image des choses.

La science passe de main en main, pour cette seule fin d'en faire parade, d'en entretenir aultruy et d'en faire des contes, comme une vayne monnoye inutile à tout aultre usage et emploite qu'à compter et jecter.

Nous prenons en garde les opinions et le savoir d'aultruy, et puis c'est tout.

Nous, que disons nous nous-mesmes? que jugeons nous? que faisons nous? Autant en dirait bien un perroquet.

Qui fagoteroit suffisamment un amas des asneries de l'humaine sapience, il diroit merveilles. J'en assemble volontiers, comme une montre. Jugeons par là ce que nous avons à estimer de l'homme, de son sens et de sa raison, puisqu'en ces grands personnages, et qui ont porté si hault l'humaine suffisance, il s'y treuve des defaults si apparents et si grossiers.

LES DEMI-SAVANTS

Des esprits simples, moins curieux et moins instruicts, il s'en faict de bons chrestiens, qui, par reverence et obeïssance, croyent simplement, et se maintiennent soubs les loix.

Les grands esprits, plus rassis et clairvoyants, font un aultre genre de biencroyants ; lesquels, par longue et religieuse investigation, penetrent une plus profonde et abstruse lumiere ez Escriptures, et sentent le mysterieux et divin secret de nostre police ecclesiastique.

Les païsans simples sont honnestes gents ; et honnestes gents, les philosophes, ou, selon que nostre temps les nomme, des natures fortes et claires, enrichies d'une large instruction de sciences utiles.

Les mestis, qui ont desdaigné le premier siege de l'ignorance des lettres, et n'ont peu joindre l'aultre (le cul entre deux selles), sont dangereux, ineptes, importuns; ceulx cy troublent le monde.

DIEU ET L'HOMME

DIEU

Nous disons bien, Puissance, Verité, Justice : ce sont paroles qui signifient quelque chose de grand; mais cette chose là, nous ne la voyons aulcunement, ny ne la concevons. Nous disons que Dieu craint, que Dieu se courrouce, que Dieu ayme, ce sont toutes agitations et esmotions qui ne peuvent loger en Dieu, selon nostre forme; ny nous, l'imaginer selon la sienne. C'est à Dieu seul de se cognoistre, et interpreter ses ouvrages ; et le faict nostre langue improprement, pour l'avaller et descendre en nous, qui sommes à terre couchez.

Quand nous disons Que l'infinité des siecles, tant passez qu'à venir, n'est à Dieu qu'un instant ; Que sa bonté, sapience, puissance, sont mesme chose avecques son essence; nostre parole le dict, mais nostre intelligence ne l'apprehende point. Et toutesfois, notre oultrecuidance veult faire passer la Divinité pas nostre estamine; et de là s'engendrent toutes les resveries et les erreurs desquelles le monde se treuve saisi, ramenant et poisant à sa balance chose si esloingnee de son poids. Qu'est-il plus vain que de vouloir deviner Dieu par nos analogies et conjectures! le regler, et le monde, à nostre capacité et à nos loix! et nous servir, aux despens de la Divinité, de ce petit eschantillon de suffisance qu'il luy a pleu despartir à nostre naturelle condition ; et, parce que nous ne pouvons estendre nostre veue jusques en son glorieux siege, l'avoir ramené çà bas à nostre corruption et à nos misères? sa condition est trop haultaine, trop esloingnee et trop maistresse, pour souffrir que nos conclusions l'attachent et la garottent. Ce n'est point par nous qu'on y arrive, cette route est trop basse : nous ne sommes non plus prez du ciel sur le mont Cenis, qu'au fond de la mer.

DIEU MANIFESTÉ PAR LA CRÉATION

Est-il pas croyable que toute cette machine n'ayt quelques marques empreintes de la main de ce grand architecte, et qu'il n'y ayt quelque image ez choses du monde rapportant aulcunement à l'ouvrier qui les a basties et formees. Il a laissé en ces haults ouvrages le charactère de sa divinité, et ne tient qu'à notre imbecillité que nous ne les puissions descouvrir : c'est ce qu'il nous dict luy même, « Que ses operations invisibles il nous les manifeste par les visibles. » Ce seroit faire tort à la bonté divine, si l'univers ne consentoit à nostre creance : le ciel, la terre, les elements, nostre corps et nostre ame, toutes choses y conspirent; il n'est que de trouver le moyen de s'en servir ; elles nous instruisent, si nous sommes capables d'entendre ; car ce monde est un temple tressainct, dedans lequel l'homme est introduict pour y contempler des statues, non œuvrees de mortelle main, mais celles que la divine pensee a faict sensibles, le soleil, les estoiles, les eaux et la terre, pour nous representer les intelligibles. « Les choses invisibles de Dieu, dict sainct Paul, apparoissent par la creation du monde, considerant sa sapience eternelle, et sa divinité, par ses œuvres. »

PUISSANCE DE DIEU

Nous luy prescrivons des bornes, nous tenons sa puissance assiegee par nos raisons (j'appelle raison nos resveries et nos songes) : nous le voulons asservir aux apparences vaines et faibles de nostre entendement, lui qui a faict et nous et notre cognoissance. Parce que rien ne se faict de rien, Dieu n'aura sceu bastir le monde sans matiere. Quoi! Dieu nous a il mis en main les clefs et les derniers ressorts de sa puissance ? s'est-il obligé à n'oultrepasser les bornes de nostre science ? Mets le cas, ô homme, que tu ayes peu remarquer icy quelques traces de ses effects : penses tu qu'il y ayt employé tout ce qu'il a peu, et qu'il ayt mis toutes ses formes et toutes ses idees en cet ouvrage ? Tu ne veois que l'ordre et la police de ce petit caveau où tu es logé ; au moins si tu la voies : sa divinité a une jurisdiction infinie au delà ; cette pièce n'est rien au prix du tout.

PROVIDENCE DE DIEU

Nous advient touts les jours d'attribuer à Dieu les evenements d'importance, d'une particuliere assignation : parce qu'ils nous poisent, il semble qu'ils luy poisent aussi, et qu'il y regarde plus entier et plus attentif qu'aux evenements qui nous sont legiers, ou d'une suitte ordinaire ; comme si à ce roy là c'estoit plus et moins de remuer un empire, ou la feuille d'un arbre, et si sa providence s'exerceoit aultrement, inclinant l'evenement d'une bataille, que le sault d'une pulce. La main de son gouvernement se preste à toutes choses, de pareille teneur, mesme force même ordre.

PRESCIENCE DE DIEU

Pour attacher les choses advenir et nostre volonté mesme a certaine et inevitable nécessité, on est encore sur cet argument du temps passé, « Puisque Dieu preveoit toutes choses debvoir ainsin advenir, comme il faict sans doubte ; il fault doncques qu'elles adviennent ainsin. » A quoy nos maistres respondent, « Que le veoir que quelque chose advienne, comme nous faisons, et Dieu de mesme (car tout luy estant present, il veoit plutots qu'il ne preveoit), ce n'est pas la force d'advenir : veoire, nous veoyons, à cause que les choses adviennent ; et les choses n'adviennent pas, à cause que nous veoyons : l'advenement fait la science, et non la science l'advenement. Ce que nous veoyons advenir, advient ; mais il pouvoit aultrement advenir ; et Dieu, au registre des causes des advenements qu'il a en sa prescience, y a aussi celles qu'on appelle fortuites, et les volontaires qui despendent de la liberté qu'il a donné à nostre arbitrage, et sçait que nous fauldrons, parce que nous aurons voulu faillir. »

COMMENT L'HOMME GLORIFIE DIEU

Dieu, qui est en soy toute plenitude et le comble de toute perfection, il ne peult s'augmenter et accroistre au dedans ; mais son nom se peult augmenter et accroistre par la benediction et louange que nous donnons à ses ouvrages extérieurs : laquelle louange, puisque nous ne la pouvons incorporer en luy, d'autant qu'il n'y peult avoir accession de bien, nous l'attribuons à son nom, qui est la piece hors de luy la plus voisine.

DIEU ET LES PAIENS

De toutes les opinions humaines et anciennes touchant la religion, celle là me semble avoir eu plus de vraysemblance et plus d'excuse, qui recoignoissoit Dieu comme une puissance incomprehensible, origine et conservatrice de toutes choses, toute bonté, toute perfection, recevant et prenant en bonne part l'honneur et la reverence que les humains luy rendoient, soubs quelque visage, soubs quelque nom et en quelque manière que ce feust.

Ce zele universellement a esté veu du ciel de bon œil. Toutes polices ont tiré fruict de leur devotion ; les hommes, les actions impies, ont eu partout les evenements sortables. Les histoires païennes recognoissent de la dignité, ordre, justice, et des prodiges et oracles employez à leur proufit et instruction, en leurs religions fabuleuses : Dieu, par sa misericorde, daignant, à l'adventure, fomenter, par ces benefices temporels, les tendres principes d'une telle quelle brute cognoissance, que la raison naturelle leur donnoit de luy au travers des faulses images de leurs songes. Non seulement faulses, mais impies aussi et injurieuses, sont celles que l'homme a forgé de son invention ; et de toutes les religions que sainct Paul trouva en credit à Athenes, celle qu'ils avoient dediee à une « Divinité cachee et incogneue, » luy sembla la plus excusable.

PRÉSOMPTION DE L'HOMME

Que nous presche la Vérité, quand elle nous presche de fuyr la mondaine philosophie ; quand elle nous inculque si souvent Que notre sagesse n'est que folie devant Dieu; Que de toutes les vanitez, la plus vaine c'est l'homme; Que l'homme, qui presume de son sçavoir, ne sçait pas encores que c'est que sçavoir; et Que l'homme, qui n'est rien, s'il pense estre quelque chose, se seduict soy mesme et se trompe? ces sentences du sainct Esprit expriment si clairement et si vifvement ce que je veulx maintenir, qu'il me fauldroit aulcune aultre preuve contre des gents qui se rendraient avecques toute soubmission et obeïssance à son auctorité.

Considerons doncques pour cette heure l'homme seul, sans secours estrangier, armé seulement de ses armes, et despourveu de la grace et cognoissance divine, qui est tout son honneur, sa force, et le fondement de son estre : veoyons combien il a de tenue en ce bel equipage. Qu'il me face entendre, par l'effort de son discours, sur quels fondements il a basty ces grands advantages qu'il pense avoir sur les aultres créatures : Qui luy a persuadé que ce bransle admirable de la voulte céleste, la lumiere eternelle de ces flambeaux roulant si fierement sur sa teste, les mouvements espoventables de cette mer infinie, soyent establis, et se continuent tant de siecles, pour sa commodité et pour son service ? Est il possible de rien imaginer si ridicule, que cette miserable et chestifve creature, qui n'est pas seulement maistresse de soy, exposee aux offenses de

toutes choses, se die maistresse et emperiere
de l'univers, duquel il n'est pas en sa puissance
de cognoistre la moindre partie, tant s'en faut
de la commander? Et ce privilege qu'il s'attribue
d'estre seul en ce grand bastiment, qui
ayt la suffisance d'en recognoistre la beaulté et
les pieces, seul qui en puisse rendre graces à
l'architecte, et tenir compte de la recepte et
mise du monde; qui luy a scellé ce privilège?
Qu'il nous montre lettres de cette belle et
grande charge.

La presumption est nostre maladie naturelle
et originelle. La plus calamiteuse et fragile de
toutes les creatures, c'est l'homme, et quant et
quand la plus orgueilleuse : elle se sent et se
veoid logee icy parmy la bourbe et le fient du
monde, attachee et clouee à la pire, plus morte
et croupie partie de l'univers, au dernier estage
du logis et le plus esloigné de la voulte céleste,
avecques les animaulx de la pire condition des
trois; et se va plantant, par imagination, au

dessus du cercle de la lune, et ramenant le ciel soubs ses pieds. C'est par la vanité de cette mesme imagination, qu'il s'eguale à Dieu, qu'il s'attribue les conditions divines, qu'il se trie soy mesme, et separe de la presse des aultres creatures.

NÉANT DE L'HOMME

Il ne nous fault point une baleine, un elephant et un crocodile, ny tels aultres animaulx desquels un seul est capable de desfaire un grand nombre d'hommes ; les pouils sont suffisants pour faire vacquer la dictature de Sylla ; c'est le desjeuner d'un petit ver, que le cœur et la vie d'un triomphant empereur.

Le long temps vivre, et le peu de temps vivre est rendu tout un par la mort : car le long et le court n'est point aux choses qui ne sont plus. Aristote dict qu'il y a des petites bestes sur la riviere Hypanis, qui ne vivent qu'un jour :

celle qui meurt à huict heures du matin, elle meurt en jeunesse; celle qui meurt à cinq heures du soir, meurt en sa decrepitude. Qui de nous ne se mocque de veoir mettre en consideration d'heur ou de malheur ce moment de duree? Le plus et le moins en la nostre, si nous la comparons à l'eternité, ou encores à la durée des montaignes, des rivieres, des estoiles des arbres, et mesme d'aulcuns animaulx, n'est pas moins ridicule.

VANITÉ DES GRANDEURS

Si nous considerons un païsan et un roy, un noble et un vilain, un magistrat et un homme privé, un riche et un pauvre, il se presente soubdain à nos yeulx une extreme disparité, qui ne sont differents, par maniere de dire, qu'en leurs chausses.

Ce ne sont que peinctures, qui ne font aulcune dissemblance essentielle: car, comme les joueurs de comedie, vous les veoyez sur l'eschaffaud faire une mine de duc et d'empereur; mais tantost aprez les voylà devenus valets et crocheteurs miserables, qui est leur naïfve et originelle condition : aussi l'empereur, duquel la pompe vous esblouit en public, veoyez le derriere le rideau ; ce n'est rien qu'un homme commun, et, à l'adventure, plus vil que le moindre de ses subjects. La fiebvre, la migraine et la goutte l'espargnent elles non plus que nous? Quand la vieillesse luy sera sur les espaules, les archers de sa garde l'en deschargeront-ils? quand la frayeur de la mort le transira, se rasseurera il par l'assistance des gentilshommes de sa chambre? quand il sera en jalousie et caprice, nos bonnettades le remettront elles? Ce ciel de lict, tout enflé d'or et de perles, n'a aulcune vertu à rappaiser les tranchees d'une verte cholique. A la premiere strette que luy donne la goutte, il a beau estre Sire et Majesté, perd il pas le souvenir de ses palais et de ses grandeurs? s'il est en cholere, sa principaulté le garde elle de rougir, de paslir, de grincer les dents comme un fol?

Or, si c'est un habile homme et bien nay, la royauté adjouste peu à son bonheur ; il veoid que ce n'est que biffe et piperie.

De vray, à veoir les nostres touts seuls à table, assiegez de tant de parleurs et regardants incogneus, j'en ay eu souvent plus de pitié que d'envie. Le roy Alphonse disoit que les asnes estoient en cela de meilleure condition que les rois ; leurs maistres les laissent paistre à leur ayse : là où les rois ne peuvent pas obtenir cela de leurs serviteurs. Et ne m'est jamais tumbé en fantasie que ce feust quelque notable commodité, à la vie d'un homme d'entendement, d'avoir une vingtaine de contreroolleurs à sa chaize percee.

Les âmes des Empereurs et des savatiers sont iectées au mesme moule.

Et les roys et les philosophes fientent, et les dames aussi.

L'ÉGLISE

LA RÉVÉLATION

O Dieu ! quelle obligation n'avons nous à la benignité ds nostre souverain Createur, pour avoir desniaisé nostre creance des vagabondes et arbitraires devotions, et l'avoir logee sur l'eternelle base de sa saincte parole !

AUTORITÉ NÉCESSAIRE DE L'ÉGLISE

La raison ne faict que fourvoyer partout, mais specialement quand elle se mesle des choses divines. Qui le sent plus évidemment que nous ? car encores que nous lui ayons donné des principes certains et infaillibles, encores que nous esclairions ses pas par la saincte lampe de la Verité, qu'il a pleu à Dieu nous communiquer, nous voyons pourtant journellement, pour peu qu'elle se desmente du sentier ordinaire, et qu'elle se destourne ou escarte de la voye trassee et battue par l'Eglise, comme tout aussitost elle se perd, s'embarrasse et s'entrave, tournoyant et flottant dans cette mer vaste, trouble et ondoyante, des opinions humaines, sans bride et sans but : aussitost qu'elle perd ce grand et commun chemin, elle se va divisant et dissipant en mille routes diverses.

LE PÉCHÉ ORIGINEL

Les chrestiens ont une particulière cognoissance, combien la curiosité est un mal naturel et originel en l'homme : le soing de s'augmenter en sagesse et en science, ce feut la premiere ruyne du genre humain ; c'est la voye par où il s'est precipité à la damnation eternelle.

La premiere loy que Dieu donna jamais à l'homme, ce feut une loy de pure obéissance ; ce feut un commandement nud et simple, où l'homme n'eust rien à cognoistre et à causer, d'autant que l'obeïr est le propre office d'une ame raisonnable, recognoissant un celeste superieur et bienfaicteur. De l'obeïr et ceder naist toute aultre vertu ; comme du cuider, tout peché. Et au rebours, la première tentation qui vient à l'humaine nature de la part du diable, sa premiere poison, s'insinua en nous par les promesses qu'il nous feit de science et de cognoissance : *Eritis sicut dii, scientes bonum et malum.*

LE SALUT DU MONDE

La religion chrestienne a toutes les marques d'extreme justice et utilité, mais nulle plus apparente que l'exacte recommandation de l'obeïssance du magistrat et manutention des polices. Quel merveilleux exemple nous en a laissé la sapience divine, qui, pour establir le salut du genre humain, et conduire cette sienne glorieuse victoire contre la mort et le peché, ne l'a voulu faire qu'à la mercy de nostre ordre politique ; et a soubmis son progrez, et la conduicte d'un si hault effect et si salutaire, à l'aveuglement et injustice de nos observations et usances, y laissant courir le sang innocent de tant d'esleus ses favoris, et souffrant une longue perte d'annees à meurir ce fruict inestimable !

LA RÉSURRECTION DE LA CHAIR

Le corps a une grande part à nostre estre, il y tient un grand reng; ainsi sa structure et composition sont de bien juste consideration. Ceulx qui veulent desprendre nos deux pièces principales, et les sequestrer l'une de l'aultre, ils ont tort : au rebours, il les fault r'accoupler et rejoindre; il fault ordonner à l'ame non de se tirer à quartier, de s'entretenir à part, de mepriser et abandonner le corps (aussi ne le sçauroit elle faire que par quelque singerie contrefaicte), mais de se r'allier à luy, de l'embrasser, le cherir, luy assister, le contrerooller, le conseiller, le redresser, et ramener quand il fourvoye, l'espouser en somme, et luy servir de mary, à ce que leurs effects ne paroissent pas divers et contraires, ains accordants et uniformes. Les chrestiens ont une particuliere instruction de cette liaison : car ils sçavent que la justice divine embrasse cette societé et joincture du corps et de l'âme, jusques à rendre le corps capable des recompenses eternelles : et que Dieu regarde agir tout l'homme, et veult qu'entier il reçoive le chastiement, ou le loyer, selon ses demerites.

Quand tu dis, Platon, que ce sera la partie spirituelle de l'homme à qui il touchera de jouïr des recompenses de l'aultre vie, tu nous dis chose peu d'apparence ; car, à ce compte, ce ne sera plus l'homme, ny nous, par conséquent, à qui touchera cette jouïssance, car nous sommes bastis de deux pieces principales essentielles, desquelles la separation c'est la mort et ruyne de nostre estre.

LE CIEL

Quand Mahumet promet aux siens un paradis tapissé, paré d'or et de pierreries, peuplé degarses d'excellente beaulté, de vins et de vivres singuliers : je veois bien que ce sont des mocqueurs qui se plient à nostre bestise, pour nous emmieller et attirer par ces opinions et esperances, convenables à nostre mortel appetit. Si sont aulcuns des nostres tumbez en pareil erreur, se promettants, aprez la resurrection, une vie terrestre et temporelle, accompaignee de toutes sortes de plaisirs et commoditez mondaines.

Quand touts mes cinq sens de nature seroient combles de liesse, et cette ame saisie de tout le contentement qu'elle peult desirer et esperer, nous sçavons ce qu'elle peult ; cela, ce ne seroit encores rien : S'il y a quelque chose du mien, il n'y a rien de divin : Si cela n'est aultre que ce qui peult appartenir à cette nostre condition presente, il ne peult estre mis en compte ; tout contentement des mortels est mortel. Nous ne pouvons dignement concevoir la grandeur de ces haultes et divines promesses, si nous les pouvons aulcunement concevoir ; pour dignement les imaginer, il les fault imaginer inimaginables, indicibles et incomprehensibles, et parfaictement aultres que celles de nostre miserable experience. Œil ne sçaurait veoir, dict sainct Paul, et ne peult monter en cœur d'homme, l'heur que Dieu prepare aux siens.

C'estoit vrayement bien raison que nous feussions tenus à Dieu seul, et au benefice de sa grace, de la verité d'une si noble creance, puisque de sa noble liberalité nous recevons le fruict de l'immortalité, lequel consiste en la jouïssance de la beatitude eternelle. Confessons ingenument que Dieu seul nous l'a dict, et la foy; car leçon n'est ce pas de nature et de nostre raison : et qui retentera son estre et ses forces, et dedans et dehors, sans ce privilege divin; qui verra l'homme sans le flatter, il n'y verra ny efficace ny faculté qui sente autre chose que la mort et la terre. Plus nous donnons, et debvons, et rendons à Dieu, nous en faisons d'autant plus chrestiennement.

L'ENFER

———

Fâcheuse maladie de preferer je ne sais quelle disparité de fortune présente aux menaces de la vie éternelle !

———

LE PURGATOIRE

On trouve aussi chez les barbares la creance du purgatoire, mais d'une forme nouvelle : ce que nous donnons au feu, ils le donnent au froid, et imaginent les ames et purgees et punies par la rigueur d'une extrême froidure.

JÉSUS-CHRIST

Nostre grand roy divin et celeste, duquel toutes les eblouissances doibvent estre remarquees avec soing, religion et reverence, n'a pas refusé la recommandation corporelle, *speciosus forma præ filiis hominum.*

Il est plein de raison et de piété de prendre exemple de l'humanité mesme de Jesus-Christ.

LA SAINTE-VIERGE

A Lorette, je pus trouver place à toute peine et avec beaucoup de faveur, pour y loger un tableau dans lequel il y a quatre figures d'argent attachées : celle de Notre-Dame, la mienne, celle de ma femme, celle de ma fille. Au pied de la mienne il y a ciselé sur l'argent : *Michaël Montanus Gallus Vasco Eques regii ordinis* 1581. A celle de ma femme : *Francisca Cassaniana uxor.* E celle de ma fille : *Leonora Montana filia unica.* Et sont toutes de rang à genoux dans ce tableau, et la Notre-Dame en haut, au devant. Mon tableau est logé à main gauche contre la porte et je l'y ai laissé très curieusement attaché et cloué. J'y avais fait mettre une chaînette et un anneau d'argent pour par icelui le pendre à quelque clou ; mais ils aimèrent mieux l'attacher tout à fait. Ce fut le 25 d'avril que j'offris mon *vœu*.

***

On dict que la fondation de Nostre-Dame, la grand', à Poitiers, print origine de ce qu'un jeune homme desbauché, logé en cet endroict, ayant recouvré une garse, et luy ayant d'arrivee demandé son nom, qui estoit Marie, se sentit si vivement empreins de religion et de respect de ce nom sacrosainct de la Vierge mère de nostre Sauveur, que non seulement il la chassa soubdain, mais en amenda tout le reste de sa vie ; et qu'en consideration de ce miracle, il feut basty, en la place où estoit la maison de ce jeune homme, une chapelle au nom de nostre Dame, et depuis l'église que nous y veoyons.

LES SAINTS

Après l'exemple de notre sainct Guide, il y en a eu force qui par dévotion ont voulu porter la croix.

Saint Louis: Nous apprenons, par tesmoing tres-digne de foy, que le roy sainct Louys porta la haire jusques à ce que, sur sa vieillesse, son confesseur l'en dispensa; et que touts les vendredis il se faisoit battre les espaules, par son presbtre, de cinq chaisnettes de fer, que pour cet effect on portoit emmy ses besongnes de nuict.

Saint Guillaume d'Aquitaine: Guillaume

nostre dernier duc de Guyenne, pere de cette Alienor qui transmeit ce duché aux maisons de France et d'Angleterre, porta, les dix ou douze derniers ans de sa vie, continuellement, un corps de cuirasse soubs un habit de religieux, par penitence.

Saint Charles : Le cardinal Borromee, qui mourut dernierement à Milan, au milieu de la desbauche à quoy le convioit et sa noblesse, et ses grandes richesses, et l'air de l'Italie, et sa jeunesse, se mainteint en une forme de vie si austere, que la mesme robbe qui luy servoit en esté luy servoit en hyver ; n'avoit pour son coucher que la paille ; et les heures qui luy restoient des occupations de sa charge, il les passoit estudiant continuellement, planté sur ses genouils, ayant un peu d'eau et de pain à costé de son livre, qui estoit toute la provision de ses repas, et tout le temps qu'il y employoit.

Saiut Paulin : Quand la ville de Nole feut ruynee par les Barbares, Paulinus, qui en estoit evesque, y ayant tout perdu, et leur prisonnier, prioit ainsi Dieu : « Seigneur, garde moy de sentir cette perte ; car tu sçais qu'ils n'ont encores rien touché de ce qui est à moy : » les richesses qui le faisoient riche, et les biens qui le faisoient bon, estoient encores en leur entier. Voylà que c'est de bien choisir les thresors qui se puissent affranchir de l'injure, et de les cacher en lieu où personne n'aille, et lequel ne puisse estre trahi que par nous mesme.

Saint Laurent : Nous oyons nos martyrs crier au tyran, au milieu de la flamme : « C'est assez rosti de ce costé là ; hache le, mange le, il est cuit ; recommence de l'aultre.

Saint Thomas d'Aquin : De vray, cet esprit-là est plein d'une erudition infinie et d'une subtilité admirable.

Saint Augustin : De ses escrits nostre religion receoit un grand fruict.

Saints solitaires : Combien en sçavons-nous qui ont fuy la doulceur d'une vie tranquille en leurs maisons, parmy leurs cognoissant, pour suyvre l'horreur des deserts inhabitables ; et qui se sont jectez à l'abjection, vilité et mespris du monde, et s'y sont pleus.

LE PAPE

Cette mesme Rome que nous veoyons, merite qu'on l'aime : confederee de si long temps, et par tant de tiltres, à nostre couronne; seule ville commune et universelle : le magistrat souverain qui y commande est recogneu pareillement ailleurs : c'est la ville metropolitaine de toutes les nations chrestiennes; l'Espaignol et le François, chascun y est chez soy; pour estre des princes de cet estat, il ne fault qu'estre de chrestienté, où qu'elle soit. Il n'est lieu çà bas que le ciel ayt embrassé avec telle influence de faveur, et telle constance.

Demosthenes combat à oultrance la loy de sa ville qui assignoit les deniers publicques aux pompes de jeux et de leurs festes. L'employ me sembleroit bien plus royale, comme plus utile, juste et durable, en ports, en havres fortifications et murs, en bastiments sumptueux en eglises, hospitaux, colleges, reformation de rues et chemins : en quoy le pape Gregoire treiziesme lairra sa memoire recommendable à long temps !

C'est un tres beau vieillard, de visage plein de majesté ; grand aumosnier, je dis hors de toute mesure. Il a bâti des collieges pour les grecs, pour les Anglois, Ecossois, François, pour les Allemands et pour les Polacs, qu'il a dotés de plus de dix mille escus chacun de rente a perpetuité, outre la despanse infinie des bastimans. Il l'a faict pour appeler a l'eglise les enfants de ces nations là, corrompues de mauvaises opinions contre l'eglise ; et là les enfants sont logés, nourris, habillés, instruicts, et accommodés de toutes choses, sans qu'il y aille un quatrin du leur, à quoi que ce soit.

Il avanse ses parans, mais sans aucun interest des droicts de l'eglise qu'il conserve inviolablement.

Il a fait remuer de l'eglise de Saint Sixte les noneins qui y etaient, et y a faict accommoder tous les povres qui mandiaient par la ville, et avec tres bel ordre. Il dota cet hospital de cinq cents escus par mois.

CLERGÉ DÉSINTÉRESSÉ

A Lorette les jans d'église les plus officieux qu'il est possible à toutes choses. Ils ne prennent rien. A peine est reçu à doner qui veut ; au moins c'est faveur d'être accepté. J'offris à plusieurs prestres de l'arjant : la pluspart s'obstina à le refuser, et ceus qui en acceptarent, ce fut à toutes les difficultés du monde.

DÉFAILLANCES DU CLERGÉ

Il faut considérer le presche à part et le prescheur à part.

Ceulx là se sont donné beau jeu en nostre temps, qui ont essayé de chocquer la verité de notre Eglise par les vices de ses ministres ; elle tire ses tesmoignages d'ailleurs : c'est une sotte façon d'argumenter, et qui rejecteroit toutes choses en confusion ; un homme de bonnes mœurs peult avoir des opinions faulses ; et un meschant peult prescher verité, voire celuy qui ne la croit pas. C'est sans doubte une belle harmonie, quand le faire et le dire vont ensemble : et je ne veulx pas nier que le dire, lors que les actions suyvent, ne soit de plus d'auctorité et efficace.

Tel estant allé à Rome, y voyant la dissolution des prélats et peuple de ce temps là, s'establit d'autant plus fort en nostre religion, considérant combien elle debvait avoir de force et de divinité, à maintenir la dignité et sa splendeur parmy tant de corruption et en mains si vicieuses.

EFFETS DU CULTE

Il n'est ame si revesche, qui ne se sente touchee de quelque reverence à considérer cette vastité sombre de nos églises, la diversité d'ornements et ordre de nos cerimonies, et ouïr le son devotieux de nos orgues, et l'harmonie si posee et religieuse de nos voix : ceulx mesmes qui y entrent avecques mespris sentent quelque frisson dans le cœur, et quelque horreur, qui les met en desfiance de leur opinion.

L'esprit humain ne se sçauroit maintenir, vaguant en cet infini de pensees informes ; il les luy fault compiler en certaine image à son modele. A peine me feroit on accroire que la veue de nos crucifix et peincture de ce piteux supplice, que les ornements et mouvements cerimonieux de nos eglises, que les voix accommodees à la devotion de nostre pensee, et cette esmotion des sens, n'eschauffent l'âme des peuples d'une passion religieuse de tres utile effect.

L'invention des encens et parfums aux eglises, regarde à cela de nous resjouïr, esveiller et purifier le sens, pour nous rendre plus propres à la contemplation.

LE *PATER NOSTER*

Je ne sçais si je me trompe ; mais puisque, par une faveur particuliere de la bonté divine, certaine façon de priere nous a esté prescrite et dictee mot à mot par la bouche de Dieu, il m'a tousjours semblé que nous en debvions avoir l'usage plus ordinaire que nous n'avons ; et, si j'en estois creu, à l'entree et à l'issue de nos tables, à nostre lever et coucher, et à toutes actions particulieres ausquelles on a accoustumé de mesler des prieres, je vouldrois que ce feust le Patenostre que les chrestiens y employassent, sinon seulement, au moins tousjours. L'Eglise peult estendre et diversifier les prieres, selon le besoing de nostre instruction ; car je sçais bien que c'est toujours mesme substance et mesme chose : mais on debvoit donner à celle la ce privilege, que le peuple l'eust continuellement en la bouche ; car il est certain qu'elle dict tout ce qu'il faut, et qu'elle est trespropre a toutes occasions.

LES MIRACLES

C'est une sotte presumption d'aller desdaignant et condemnant pour faulx ce qui ne nous semble pas vraysemblable : qui est un vice ordinaire de ceux qui pensent avoir quelque suffisance oultre la commune.

La raison m'a instruict que, de condemner ainsi resolument une chose pour faulse et impossible, c'est se donner l'advantage d'avoir dans la teste les bornes et limites de la volonté de Dieu et qu'il n'y a point de plus notable folie au monde, que de la ramener à la mesure de nostre capacité et suffisance.

De condemner d'un train de pareilles histoires, me semble singuliere impudence. Ce grand sainct Augustin tesmoigne avoir veu, sur les reliques sainct Gervais et Protaise à Milan, un enfant aveugle recouvrer la veue ; une femme, à Carthage, estre guarie d'un cancer par le signe de la croix qu'une femme nouvellement baptisee luy feit ; Hesperius, un sien familier, avoir chassé les esprits, qui infestoient sa maison, avecques un peu de terre du sepulchre de nostre Seigneur ; et cette terre depuis transportee à l'eglise un paralytique en avoir esté soubdain guari ; une femme, en une procession, ayant touché à la chasse sainct Estienne, d'un bouquet, et de ce bouquet s'estant frotté les yeulx, avoir recouvré la veue pieça perdue ; et plusieurs aultres miracles, où il dict luy mesme avoir assisté : de quoy accuserons nous et lui et deux saincts evesques Aurelius et

Maximinus, qu'il appelle pour ses recors? sera ce d'ignorance, simplesse, facilité? ou de malice ou imposture? Est il homme en nostre siecle si impudent, qui pense leur estre comparable, soit en vertu et pieté, soit en sçavoir, jugement et suffisance?

Je me plus fort à Lorette. Il y avait en même temps là Michel Marteau, seigneur de la Chapelle, Parisien, jeune homme très riche avec grand trein. Tous les chirurgiens de Paris et d'Italie s'y étaient faillis. Son genou était enflé, inutile, et très dolureus il y avait plus de trois ans, plus mal, plus rouge, enfiammé et enflé, jusqu'à lui donner la fièvre, en ce même instant; tous autres medicamens et services abandonnés il y avait plusieurs jours. Dormant, tout à coup il songe qu'il est gueri et lui semble voir un escler. Il s'eveille, crie qu'il est gueri, apele ses jans, se leve, se promene, ce qu'il n'avait faict oncques puis son mal. Son genou desenfle, la peau fletriee tout autour du genou et comme morte lui alla tousjours despuis en amendant, sans nulle autre sorte d'aide ! Il n'est possible de mieux ny plus exactement former l'effaict d'un miracle !

LES SACREMENTS

La majesté divine s'est ainsi, pour nous, aulcunement laissé circonscrire aux limites corporels : ses sacrements supernaturels et célestes ont des signes de nostre terrestre condition ; son adoration s'exprime par offices et paroles sensibles : car c'est l'homme qui croit et qui prie.

L'EUCHARISTIE

Il m'a tousjours semblé qu'à un homme chrestien cette sorte de parler est pleine d'indiscretion et d'irreverence : « Dieu ne peult mourir; Dieu ne se peult desdire ; Dieu ne peult faire ceci ou cela ». Je ne trouve pas bon d'enfermer ainsi la puissance divine soubs les loix de nostre parole : et l'apparence qui s'offre à nous en ces propositions, il la fauldroit representer plus reveremment et plus religieusement.

Veoyez comment on se prevault de cette sorte de parler, pleine d'irreverence : aux disputes qui sont à present en nostre religion, si vous pressez trop les adversaires, ils vous diront tout destrousseement qu' « Il n'est pas en la puissance de Dieu de faire que son corps soit en paradis et en la terre, et en plusieurs lieux ensemble ».

L'homme ne peult estre et au ciel, et en la terre, et en mille lieux ensemble corporellement : c'est pour toy qu'il a faict ces regles ; c'est toy qu'elles attachent : il a tesmoigné aux chrestiens qu'il les a toutes franchies, quand il luy a pleu. De vray, pourquoy, tout puissant comme il est, auroit il restreinct ses forces à certaine mesure ?

LA CONFESSION

Chascun est discret en la confession, on le debvroit estre en l'action : la hardiesse de faillir est aulcunement compensee et bridee par la hardiesse de le confesser.

Il fault veoir son vice et l'estudier, pour le redire.

Les maulx du corps s'esclaircissent en augmentant ; nous trouvons que c'est goutte, ce que nommions rheume ou fouleure : les maulx de l'ame s'obscurcissent en leur force, le plus malade les sent le moins ; voilà pourquoy il les faut remanier, au jour, d'une main impiteuse, les ouvrir, et arracher du creux de nostre poictrine. Comme en matiere de bienfaicts, de mesme en matiere de mesfaicts, c'est, par fois, satisfaction que la seule confession. Est il quelque laideur au faillir, qui nous dispense de nous en debvoir confesser ?

LA CONTRITION

Il n'est rien si aysé, si doulx et si favorable que la loy divine : elle nous appelle à soy, ainsi faultiers et detestables comme nous sommes; elle nous tend les bras, et nous receoit en son giron pour vilains, ords et bourbeux que nous soyons et que nous ayons à estre à l'advenir : mais encores, en recompense, la fault il regarder de bon œil ; encore faut il recevoir ce pardon avecques action de graces ; et au moins, pour cet instant que nous nous adressons à elle, avoir l'ame desplaisante de ses faultes, et ennemie des passions qui nous ont poulsé à l'offenser.

FAUX REPENTIR

Il y a des pechez impetueux, prompts et subits ; laissons les à part ; mais en ces aultres pechez à tant de fois reprins, deliberez et consultez, ou pechez de complexion, ou pechez de profession et de vacation, je ne puis pas concevoir qu'ils soient plantez si longtemps en un mesme courage, sans que la raison et la conscience de celuy qui les possede le vueille constamment, et l'entende ainsin : et le repentir qu'il se vante luy en venir à certain instant prescript, m'est un peu dur à imaginer et former.

LA RÉPARATION

Ceux qui couchent une vie entière sur le fruit et émolument du péché qu'ils savent mortel, sont-ils si hardis de demander pardon, sans satisfaction et sans repentance ?

J'ay veu plusieurs de mon temps, convaincus par leur conscience, retenir de l'aultruy, se disposer à y satisfaire par leur testament et aprez leur decez. Ils ne font rien qui vaille, ny de prendre terme à chose si pressante, ny de vouloir restablir une injure avecques si peu de leur ressentiment et interest. Ils doibvent du plus leur ; et d'autant qu'ils payent plus poisamment et incommodeement, d'autant en est leur satisfaction plus juste et meritoire : la penitence demande à charger.

LE MARIAGE

C'est une religieuse liaison et devote que le mariage : voylà pourquoy le plaisir qu'on en tire, ce doibt estre un plaisir retenu, serieux et meslé à quelque severité ; ce doibt estre une volupté aulcunement prudente et consciencieuse. Et sa principale fin c'est la génération.

Aussi est ce une espece d'inceste d'aller employer, à ce parentage venerable et sacré, les efforts et les extravagances de la licence amoureuse.

Un bon mariage, s'il en est, refuse la compaignie et conditions de l'amour : il tasche à représenter celles de l'amitié. C'est une doulce société de vie, pleine de constance, de fiance, et d'un nombre infiny d'utiles et solides offices, et obligations mutuelles. Aulcune femme qui en savoure le goust, ne vouldroit tenir lieu de maistresse à son mary ; si elle est logee en son affection comme femme, elle y est bien plus honnorablement et seurement logee.

Je ne veois point de mariages qui faillent plustost et se troublent, que ceulx qui s'acheminent par la beaulté et désirs amoureux : il y faut des fondements plus solides et plus constants, et y marcher d'aguet ; cette bouillante alaigresse n'y vault rien.

Le mariage a, pour sa part, l'utilité, la justice, l'honneur et la constance. L'amour se fonde au seul plaisir.

Ce qu'il s'en veoid si peu de bons, est signe de son prix et de sa valeur. A le bien façonner et à le bien prendre, il n'est point de plus belle piece en notre société.

L'EXTRÊME-ONCTION

Tout au commencement de mes fiebvres et des maladies qui m'atterrent, entier encores et voisin de la santé, je me reconcilie à Dieu par les derniers offices chrestiens ; et m'en treuve plus libre et deschargé ; me semblant en avoir d'autant meilleure raison de la maladie.

LES DÉFUNTS

L'on a planté nos cimetieres joignant les eglises et aux lieux les plus frequentez de la ville, pour accoustumer le bas populaire, les femmes et les enfants à ne s'effaroucher point de voir un homme mort, et à fin que ce continuel spectacle d'ossements, de tombeaux et de convois nous advertisse de notre condition.

Le soing des morts nous est en recommendation.

Mon père est esloingné de moy et de la vie, duquel pourtant je ne laisse point d'embrasser et practiquer la memoire, d'une parfaicte union et tresvifve. Voire, de mon humeur, je me rends plus officieux envers les trespassez ; ils ne s'aydent plus ; ils en requierrent, ce me semble, d'autant plus mon ayde. La gratitude est là justement en son lustre ; le bienfaict est moins richement assigné, où il y a retrogradation et reflexion. Ceulx qui ont merité de moy de l'amitié et de la recognoissance, ne les ont jamais perdues pour n'y estre plus ; je les ay mieulx payez.

LE CATÉCHISME

Il me semble que les premiers discours dequoy on doibt abruver l'entendement de l'enfant, ce doibvent estre ceulx qui reglent ses mœurs et son sens ; qui luy apprendront à se cognoistre, et à sçavoir bien mourir et bien vivre.

Aprez qu'on luy aura apprins ce qui sert à le faire plus sage et meilleur, on l'entretiendra que c'est que logique, physique, geometrie, rhetorique.

LES COUVENTS

L'imagination de ceulx qui, par debvotion, recherchent la solitude, remplissant leur courage de la certitude des promesses divines en l'aultre vie, est bien sainement assortie. Ils se proposent Dieu, object infini en bonté et en puissance; l'ame a de quoy y rassasier ses desirs en toute liberté : les afflictions, les douleurs, leur viennent à proufit, employees à l'acquest d'une santé et resjouïssance eternelle; la mort, à souhait, passage à un si parfaict estat : l'aspreté de leurs regles est incontinent aplanie par l'accoustumance ; et les appetits charnels, rebutez et endormis par leur refus ; car rien ne les entretient que l'usage et exercice. Cette seule fin d'une aultre vie heureusement immortelle, merite loyalement que nous abandonnions les commoditez et doulceurs de cette vie nostre ; et qui peult embraser son ame de l'ardeur de cette vifve foy et esperance, reellement et constamment, il se bastit en la solitude une vie voluptueuse et délicieuse, au delà de toute aultre sorte de vie.

Ordres de saint Benoît et de saint François. — Pour n'estre continent, je ne laisse d'avouer sincerement la continence des Feuillants et des Capuchins, et de bien trouver l'air de leur train ; je m'insinue par imagination fort bien en leur place ; et les ayme et les honore d'autant plus qu'il sont aultres que moy.

Ordre de saint Ignace. — C'est merveille combien de part les Jésuites tiennent en la chretienté, et crois qu'il ne fust jamais confrairie et corps parmi nous qui tint un tel rang, ni qui produisit enfin des effets tels que feront ceux-ci si leurs desseins continuent. C'est une pépinière de grands hommes en toute sorte de grandeur. C'est celui de nos membres qui menace le plus les hérétiques de notre temps.

Ordre de saint Jean. — J'aymerois bien que nostre jeunesse, au lieu du temps qu'elle employe à des peregrinations moins utiles, et apprentissages moins honorables, elle le meist à veoir de la guerre sur mer, soubs quelque bon capitaine commandeur de Rhodes.

LES OBSERVANCES

———

Le *Pater noster* est la priere de quoy je me sers partout, et la repete au lieu d'en changer : d'où il advient que je n'en ay aussi bien en mémoire que celle-là.

J'ai en révérence et continuel usage le signe de la croix.

Je fais conscience de manger de la viande le jour de poisson.

Je me suis couché mille fois chez moy après mon patenostre.

J'avais un magnifique chapelet d'*Agnus Dei* le plus beau qu'il y eût à Rome.

Le jour de Noël nous fûmes ouïr la messe à Saint-Pierre.

Le premier jour de mars je fus à la station de saint Sixte.

Le mercredi de la semaine sainte je fis les sept églises, avec M. de Foix, avant dîner.

Nous fîmes en la chapelle de Lorette nos Pâques ; ce qui ne se permet pas à tous. Un Jésuite allemand me dit la messe et me donna à communier.

HORS L'ÉGLISE

ATHÉISME

L'atheïsme estant une proposition comme desnaturee et monstrueuse, difficile aussi et malaysee d'establir en l'esprit humain, pour insolent et desreglé qu'il puisse être, il s'en est veu assez, par vanité, et par fierté de concevoir des opinions non vulgaires et reformatrices du monde, en affecter la profession par contenance; qui, s'ils sont assez fols, ne sont pas assez forts pour l'avoir plantee en leur conscience : pourtant ils ne lairront de joindre leurs mains vers le ciel, si vous leur attachez un bon coup d'epee en la poitrine; et quand la crainte ou la maladie aura abbattu et appesanti cette licencieuse ferveur d'humeur volage, ils ne lairront pas de se revenir, et se laisser tout discrettement manier aux creances et exemples publics. Aultre chose est un dogme serieusement digeré; aultre chose, ces impressions superficielles, lesquelles, nees de la desbauche d'un esprit desmanché, vont nageant temerairement et incertainement en la fantaisie. Hommes bien miserables et escervellez, qui taschent d'estre pires qu'ils ne peuvent!

SORCELLERIE

Il est vraysemblable que le principal credit des visions, des enchantements et de tels effects extraordinaires, vienne de la puissance de l'imagination, agissant principalement contre les ames du vulgaire, plus molles; on leur a si fort saisi la creance, qu'ils pensent veoir ce qu'ils ne veoyent pas.

Pour accommoder les exemples que la divine parole nous offre de telles choses, tres-certains et irrefragables exemples, et les attacher à nos evenements modernes, puisque nous n'en veoyons ny les causes, ny les moyens, il y fault aultre engin que le nostre : il appartient, à l'adventure, à ce seul tres puissant tesmoignage de nous dire, « Cettuy cy en est, et celle là ; et non, cet aultre. » Dieu en doibt estre creu, c'est vrayment bien raison ; mais non pourtant un d'entre nous, qui s'estonne de sa propre narration.

En ces accusations extravagantes, je dirois volontiers que c'est bien assez qu'un homme, quelque recommandation qu'il aye, soit creu de ce qui est humain : de ce qui est hors de sa conception, et d'un effect supernaturel, il en doibt estre creu lors seulement qu'une approbation supernaturelle l'a auctorisé.

Combien treuve je plus naturel et plus vraysemblable que deux hommes mentent, que je ne fois qu'un homme, en douze heures, passe, quand et les vents, d'orient en occident : combien plus naturel, que nostre entendement soit emporté de sa place par la volubilité de nostre esprit détraqué, que cela, qu'un de nous soit envolé sur un balay, au long du tuyau de sa cheminée, en chair et en os, par un esprit estrangier! Ne cherchons pas des illusions du dehors et incogneues, nous qui sommes perpetuellement agitez d'illusions domestiques et nostres. Il me semble qu'on est pardonnable de mescroire une merveille, autant au moins qu'on peult en destourner et elider la verification par voye non merveilleuse; et suys l'advis de saint Augustin, « Qu'il vault mieux pencher vers le doubte que vers l'asseurance, ez choses de difficile preuve et dangereuse creance. »

Nostre religion a aboli les prognostiques. Et encores qu'il reste entre nous quelques moyens de divination ez astres, ez esprits, ez figures du corps, ez songes, et ailleurs; notable exemple de la forcenee curiosité de nostre nature, s'amusant à preoccuper les choses futures, comme si elle n'avait pas assez à faire à digerer les presentes, si est ce qu'elle est de beaucoup moindre auctorité.

J'en veoy qui estudient et glosent leurs almanacs, et nous en alleguent l'auctorité aux choses qui se passent. A tant dire, il fault qu'ils dient et la verité et le mensonge : Je ne les estime de rien mieulx, pour les veoir tumber en quelque rencontre, joinct que personne ne tient registre de leurs mescomptes, d'autant qu'ils sont ordinaires et infinis ; et faict on valoir leurs divinations de ce qu'elles sont rares, incroiables, et prodigieuses.

Ceulx qui sont duicts à cette subtilité de les replier et desnouer, seroyent en tous escripts capables de trouver tout ce qu'ils y demandent : mais sur tout leur preste beau jeu de parler obscur, ambigu et fantastique du jargon prophetique, auquel leurs auteurs ne donne aulcun sens clair, à fin que la posterité y en puisse appliquer de tels qu'il luy plaira.

PROTESTANTISME

Une milliasse de petits livrets, que ceulx de la religion pretendue reformee font courir pour la deffense de leur cause, partent par fois de bonne main, et qu'il est grand dommage n'estre embesongnee à meilleur subject.

C'est l'orgueil qui jecte l'homme à quartier des voyes communes, qui luy faict embrasser les nouvelletez, et aymer mieux estre chef d'une troupe errante et desvoyee au sentier de perdition, aymer mieulx estre regent et precepteur d'erreur et de mensonge, que d'estre disciple en l'eschole de verité, se laissant mener et conduire par la main d'aultruy à la voye battue et droicturiere.

Lors que les nouvelletez de Luther commenceoient d'entrer en credit, et esbranler en beaucoup de lieux nostre ancienne creance, on prevoyait bien, par discours de raison, que ce commencement de maladie declineroit aysement en un exsecrable atheïsme; car le vulgaire n'ayant pas la faculté de juger des choses par elles mesmes se laissant emporter à la fortune et aux apparences, aprez qu'on luy a mis en main la hardiesse de mespriser et contrerooller les opinions qu'il avoit eues en extreme reverence, comme sont celles où il va de son salut, et qu'on a mis aulcuns articles de sa religion en doubte et à la balance, il jecte tantost aprez ayseement en pareille incertitude toutes les aultres pieces de sa creance, qui n'avoient pas chez luy plus d'auctorité ny de fondement que celles qu'on luy a esbranlees, et secoue, comme un joug tyrannique, toutes les impressions qu'il avoit receues par l'auctorité des loix ou reverence de l'ancien usage, entreprenant dez lors en avant de ne recevoir rien à quoy il n'ayt interposé son decret, et presté particulier consentement.

Certes, il est peu d'ames, si reglees, si fortes, et bien nees, à qui on se puisse fier de leur propre conduicte, et qui puissent, avecques moderation et sans temerite, voguer en la liberté de leurs jugements, au delà des opinions communes : il est plus expedient de les mettre en tutelle. C'est un oultrageux glaive, à son possesseur mesme, que l'esprit, à qui ne sçait s'en armer ordonneement et discrettement; et n'y a point de beste à qui plus justement il faille donner des orbières, pour tenir sa veue subjecte et contraincte devant ses pas, et la garder d'extravaguer ny çà ny là, hors les ornieres que l'usage et les loix lui tracent : parquoy il vous siera mieulx de vous resserrer dans le train accoustumé, quel qu'il soit, que de jecter votre vo à cette licence effrenee. Mais si quelqu'un de ces nouveaux docteurs entreprend de faire l'ingenieux en vostre presence, aux despens de son salut et du vostre; pour vous desfaire de cette dangereuse peste qui se respand tous les jours en vos courts, ce preservatif, à l'extreme necessité, empeschera que la contagion de ce venin n'offensera ny vous, ny vostre assistance.

Ceulx qui ont essayé de r'adviser les mœurs du monde, de mon temps, par nouvelles opinions, reforment les vices de l'apparence; ceulx de l'essence, ils les laissent là, s'ils ne les augmentent : et l'augmentation y est à craindre; on se sejourne volontiers de tout aultre bienfaire, sur ces reformations externes, arbitraires, de moindre coust et de plus grand merite; et satisfaict on à bon marché, par ça, les aultres vices naturels, consubstanciels et intestins.

L'INTERPRÉTATION DE LA BIBLE

Ceulx là se mocquent, qui pensent appetisser nos debats et les arrester, en nous r'appelant à l'expresse parole de la Bible; d'autant que nostre esprit ne treuve pas le champ moins spacieux à contrerooler le sens d'aultruy qu'à representer le sien, et comme s'il y avoit moins d'animosité et d'aspreté à gloser qu'à inventer!

Ce n'est pas en passant, et tumultuairement, qu'il faut manier un estude si serieux et venerable; ce doibt estre une action destinee et rassise, à laquelle on doibt tousjours adjouster cette preface de nostre office, *Sursum corda*, et y apporter le corps mesme disposé en contenance qui tesmoigne une particuliere attention et reverence. Ce n'est pas l'estude de tout le monde ; c'est l'estude des personnes qui y sont vouees, que Dieu y appelle ; les meschants, les ignorants, s'y empirent : ce n'est pas une histoire à conter ; c'est une histoire à reverer, craindre, et adorer. Plaisantes gents, qui pensent l'avoir rendue palpable au peuple. pour l'avoir mise en langage populaire ! Ne tient il qu'aux mots, qu'ils n'entendent tout ce qu'ils treuvent par escript ? Diray je plus ? pour l'en approcher de ce peu : ils l'en reculent : l'ignorance pure, et remise toute en aultruy, estoit bien plus salutaire et plus sçavante que n'est cette science verbale et vaine, nourrice de presumption et de temerité.

Je crois aussi que la liberté à chascun de dissiper une parole si religieuse et importante, à tant de sortes d'idiomes, a beaucoup plus de dangier que d'utilité. Les Juifs, les Mahometans, et quasi touts aultres, ont espousé et reverent le langage auquel originellement leur mystères avoient esté conceus : et en est deffendue l'alteration et changement, non sans apparence. Sçavons nous bien qu'en Basque, et en Bretagne, il y ayt des juges assez pour establir cette traduction faicte en leur langue ? L'Eglise universelle n'a point de jugement plus ardu à faire, et plus solenne. En preschant et parlant, l'interpretation est vague, libre, muable, et d'une parcelle; ici ce n'est pas de mesme.

CONCESSIONS INUTILES

Ce qui me semble apporter autant de desordre en nos consciences, en ces troubles où nous sommes de la religion, c'est cette dispensation que les catholiques font de leur creance. Il leur semble faire bien les moderez et les entendus, quand ils quittent aux adversaires aulcuns articles de ceulx qui sont en debat ; mais, oultre ce qu'ils ne veoyent pas quel advantage c'est à celuy qui vous charge, de commencer à luy ceder et vous tirer arriere, et combien cela l'anime à poursuyvre sa poincte ; ces articles là, qu'ils choisissent pour les plus legiers, sont aulcunesfois tresimportants. Ou il faut se soubmettre du tout à l'auctorité de nostre police ecclesiastique, ou du tout s'en dispenser : ce n'est pas à nous à establir la part que nous luy debvons d'obeïssance. Et davantage, je le puis dire pour l'avoir essayé, ayant aultrefois usé de cette liberté de mon chois et triage particulier, mettant à nonchaloir certains poincts de l'observance de nostre Eglise qui semblent avoir un visage ou plus vain ou plus estrange ; venant à en communiquer aux hommes sçavants, j'ay trouvé que ces choses là ont un fondement massif et tressolide, et que ce n'est que bestise et ignorance qui nous faict les recevoir avecques moindre reverence que le reste.

LA FRANCE DÉCHIRÉE
PAR LA RÉFORME

Je doubte souvent si, entre tant de gents qui se meslent de telle besongne, nul s'est rencontré d'entendement si imbecille, à qui on aye en bon escient persuadé, Qu'il alloit vers la reformation, par la derniere des difformations ; Qu'il tiroit vers son salut, par les plus expresses causes que nous ayons de trescertaine damnation ; Que, renversant la police, le magistrat et les loix, en la tutelle desquelles Dieu l'a colloqué, desmembrant sa mere et en donnant à ronger les pieces à ses anciens ennemis, remplissant des haines parricides les courages fraternels, appellant à son ayde les diables et les furies, il puisse apporter secours à la sacrosaincte doulceur et justice de la loy divine.

L'ambition, l'avarice, la cruauté, la vengeance, n'ont point assez de propre et naturelle impetuosité ; amorçons les et les attisons par le glorieux tiltre de justice et devotion. Il ne se peult imaginer un pire estat de choses.

Le peuple y souffrit bien largement lors, non les dommages presents seulement, mais les futurs aussi : les vivants y eurent à patir ; si eurent ceulx qui n'estoient encore nays.

LA RÉFORME EN ANGLETERRE

Depuis que je suis nay, j'ay veu trois et quatre fois rechanger les lois des Anglois nos voisins; non seulement en subject politique, qui est celuy qu'on veult dispenser de constance, mais au plus important subject qui puisse estre, à sçavoir de la religion : de quoy j'ay honte et despit, d'autant plus que c'est une nation à laquelle ceulx de mon quartier ont eu aultresfois une si privee accointance, qu'il reste encore en ma maison aulcunes traces de nostre ancien cousinage.

LES SECTES EN ALLEMAGNE

———

J'ay veu en Allemaigne que Luther a laissé autant de divisions et d'altercations sur le doubte de ses opinions, et plus, qu'il n'en esmeut sur les Escriptures saintes.

———

LA FOI RAVIVÉE PAR L'HÉRÉSIE

C'est un effet de la Providence divine de permettre sa saincte Eglise estre agitee, comme nous la veoyons, de tant de troubles et d'orages, pour esveiller par ce contraste les ames pies, et les r'avoir de l'oisifveté et du sommeil où les avoit plongees une si longue tranquillité : si nous contrepoisons la perte que nous avons faicte par le nombre de ceulx qui se sont desvoyez, au gaing qui nous vient pour nous estre remis en haleine, resuscité nostre zele et nos forces à l'occasion de ce combat, je ne sçais si l'utilité ne surmonte point le dommage.

LE BIEN

LA CHOSE NÉCESSAIRE

Estant indigents et necessiteux au dedans, nostre essence estant imparfaicte, et ayant continuellement besoing d'amelioration, c'est là à quoy nous nous debvons travailler; nous sommes tout creux et vuides; ce n'est pas de vent et de voix que nous avons à nous remplir, il nous fault de la substance plus solide à nous reparer; un homme affamé seroit bien simple de chercher à se pourveoir plustot d'un beau vestement que d'un bon repas; il faut courir au plus pressé. Comme disent nos ordinaires prieres, *Gloria in excelsis Deo, et in terra pax*

hominibus. Nous sommes en disette de beaulté, santé, sagesse, vertu, et telles parties essentielles : les ornements externes se chercheront aprez que nous aurons pourveu aux choses necessaires.

L'EFFORT DANS LA VERTU

Il me semble que la vertu est chose aultre, et plus noble, que les inclinaisons à la bonté qui naissent en nous. Les ames reglees d'elles mesmes et bien nees, elles suyvent mesme train, et representent, en leurs actions, mesme visage que les vertueuses ; mais la vertu sonne je ne sçais quoy de plus grand et de plus actif que de se laisser, par une heureuse complexion, doulcement et paisiblement conduire à la suitte de la raison. Celuy qui, d'une doulceur et facilité naturelle, mespriseroit les offenses reçues, feroit chose tresbelle et digne de louange ;

mais celuy qui, picqué et oultré jusques au vif d'une offense, s'armeroit des armes de la raison contre ce furieux appetit de vengeance, et, aprez un grand conflict, s'en rendroit enfin maistre, feroit sans doubte beaucoup plus. Celuy là feroit bien ; et cettuy cy, vertueusement : l'une action se pourroit dire bonté ; l'aultre, vertu ; car il semble que le nom de la vertu presuppose de la difficulté et du contraste, et qu'elle ne peult s'exercer sans partie. C'est à l'adventure pourquoy nous nommons Dieu bon, fort et liberal, et juste, mais nous ne le nommons pas *vertueux ;* ses operations sont toutes naïfves et sans effort.

FUIR LA TENTATION

Nous aultres petits, il faut fuyr l'orage de loing; il faut pourveoir au sentiment, non à la patience, et eschever aux coups que nous ne sçaurions parer.

Socrates ne dict point : « Ne vous rendez point aux attraicts de la beauté ; soubstenez la, efforcez-vous au contraire. » « Fuyez la, faict il, courez hors de sa veue et de son rencontre, comme d'une poison puissante, qui s'eslance et frappe de loing. »

Et le Sainct Esprit, de mesme, *Ne nos inducas in tentationem :* nous ne prions pas que nostre raison ne soit combattue et surmontee par la concupiscence ; mais qu'elle n'en soit pas seulement essayee : que nous ne soyons conduits en estat où nous ayons seulement à souffrir les approches, sollicitations et tentations du peché; et supplions nostre Seigneur de maintenir nostre conscience tranquille, plainement et parfaictement delivree du commerce du mal.

LA RÉCOMPENSE

N'EST PAS DANS LE SUCCÈS

Un tas de gents, interpretes et contreroolleurs ordinaires des desseings de Dieu, font estat de trouver les causes de chasque accident, et de veoir dans les secrets de la volonté divine les motifs incomprehensibles de ses œuvres; et, quoyque la varieté et discordance continuelle des evenements les rejecte de coing en coing, et d'orient en occident, ils ne laissent de suyvre pourtant leur esteul et de mesme creon peindre le blanc et le noir.

Suffit à un chrestien croire toutes choses

venir de Dieu, les recevoir avecques recognoissance de sa divine et inscrutable sapience; pourtant les prendre en bonne part, en quelque visage qu'elles luy soient envoyees. Mais je treuve mauvais, ce que je veois en usage, de chercher à fermir et appuyer nostre religion par la prosperité de nos entreprinses. Nostre creance a assez d'aultres fondements, sans l'autoriser par les evenements ; car le peuple accoustumé à ces arguments plausibles et proprement de son goust, il est dangier, quand les evenements viennent à leur tour contraires et desadvantageux, qu'il en esbranle sa foy : comme aux guerres où nous sommes pour la religion, ceulx qui eurent l'advantage à la rencontre de la Rochelabeille, faisant grand' feste de cet accident, et se servants de cette fortune pour certaine approbation de leur party ; quand ils viennent aprez à excuser leurs desfortunes de Montcontour et de Jarnac, sur ce que ce sont verges et chastiments paternels, s'ils n'ont un peuple du tout à leur mercy, ils luy font assez ayseement sentir que c'est prendre d'un sac deux moultures, et de mesme bouche souffler le chauld et le froid. Il vauldroit mieux l'entretenir des vrays fondements de la verité. C'est une belle bataille navale qui s'est gaignee ces mois passez contre les Turcs, soubs la conduicte de dom Joan d'Austria : mais il a bien pleu à Dieu en faire aultrefois veoir d'aultres telles, à nos despens. Somme, il est malaysé de ramener les choses divines à nostre balance, qu'elles n'y souffrent du deschet. Dieu nous voulant apprendre que les bons ont aultre chose à esperer, et les mauvais aultre chose à craindre, que les fortunes ou infortunes de ce monde, il les manie et applique selon sa disposition occulte, et nous oste le moyen d'en faire sottement nostre proufit. Et se mocquent ceulx qui s'en veulent prevaloir selon l'humaine raison : ils n'en donnent jamais une touche, qu'ils n'en reçoivent deux.

RÉCOMPENSE ET PUNITION
DANS LA CONSCIENCE

Il y a, certes, je ne sçais quelle congratulation de bien faire, qui nous resjouit en nous mesmes, et une fierté genereuse qui accompaigne la bonne conscience : une ame courageusement vicieuse se peult à l'adventure garnir de securité; mais de cette complaisance et satisfaction, elle ne s'en peult fournir. Ce n'est pas un legier plaisir de se sentir preservé de la contagion d'un siecle si gasté, et de dire en soy : « Qui me verroit jusques dans l'âme, encores ne me trouveroit il coupable, ny de l'affliction et ruyne de personne, ny de vengeance ou d'envie, ny d'offense publicque des loix, ny de nouvelleté et de trouble, ny de faulte à ma parole ; et, quoy que la licenee du temps permist et apprinst à chascun, si n'ay je mis la main ny ez biens, ny en la bourse d'homme françois, et n'ay vescu que sur la mienne, non plus en guerre qu'en paix : ny ne me suis servy du travail de personne sans loyer. » Ces tesmoignages de la conscience plaisent ; et nous est grand benefice que cette esjouïssance naturelle, et le seul payement qui jamais ne nous manque.

Le vice laisse, comme un ulcere en la chair, une repentance en l'ame, qui tousjours s'esgratigne et s'ensanglante elle mesme : car la raison efface les aultres tristesses et douleurs, mais elle engendre celle de la repentance qui est plus griefve, d'autant qu'elle naist au dedans, comme le froid et le chaud des fiebvres est plus poignant que celuy qui vient du dehors.

VERTUS DE LA VIE COMMUNE

Gaigner une bresche, conduire une ambassade, regir un peuple, ce sont actions esclatantes : tanser, rire, vendre, payer, aymer, haïr, et converser avecques les siens, et avecques soy mesme, doulcement et justement, ne relascher point, ne se desmentir point; c'est chose plus rare, plus difficile, et moins remarquable. Les vies retirees soustiennent par là, quoy qu'on die, des debvoirs autant ou plus aspres et tendus, que ne le font les aultres vies.

Le prix de l'ame ne consiste pas à aller hault,

mais ordonneement; sa grandeur ne s'exerce pas en la grandeur, c'est en la médiocrité.

Les fault doncques juger par leur estat rassis, quand elles sont chez elles; si quelquesfois elles y sont : ou au moins quand elles sont plus voysines du repos, et en leur naïfve assiette.

VERTU CACHÉE

Ce n'est pas pour la montre, que nostre ame doibt jouer son roole; c'est chez nous, au dedans, où nuls yeulx ne donnent que les nostres :
Gloria nostra est testimonium conscientiæ nostræ. Qui n'est homme de bien que parce qu'on le sçaura, et parce qu'on l'en estimera mieulx aprez l'avoir sceu; qui ne veult bien faire qu'en condition que sa vertu vienne à la cognoissance des hommes, celuy là n'est pas personne de qui on puisse tirer beaucoup de service.

Les actions de la vertu, elles sont trop nobles d'elles mesmes pour rechercher aultre loyer que de leur propre valeur, et notamment pour la chercher en la vanité des jugements humains.

C'est une vie exquise, celle qui se maintient en ordre jusques en son privé. Chascun peult avoir part au bastelage, et representer un honneste personnage en l'eschafaud; mais au dedans et en sa poictrine, où tout nous est loisible, où tout est caché, d'y estre reglé, c'est le poinct.

VERTU DU FOYER

La plus utile et honorable science et occupation à une mere de famille, c'est la science du mesnage. J'en veois quelqu'une avare : de mesnagieres, fort peu ; c'est sa maistresse qualité, et qu'on doibt chercher avant tout aultre, comme le seul douaire qui sert à ruyner ou sauver nos maisons. Qu'on ne m'en parle pas : selon que l'experience m'en a apprins, je requiers d'une femme mariee, au dessus de toute aultre vertu, la vertu œconomique. Je l'en mets au propre, luy laissant par mon absence tout le gouvernement en main. Je veois avecques despit, en plusieurs mesnages, monsieur revenir maussade et tout marmiteux du tracas des affaires, environ mydi, que madame est encores aprez à se coeffer en son cabinet : c'est à faire aux roynes; encore ne sçais je.

ABANDON EN DIEU

Le nœud qui debvrait attacher nostre jugement et nostre volonté, qui debvroit estreindre nostre ame et joindre à nostre Createur, ce debvroit estre un nœud prenant ses replis et ses forces, non pas de nos considerations, de nos raisons et passions, mais d'une estreincte divine et supernaturelle, n'ayant qu'une forme, un visage et un lustre, qui est l'autorité de Dieu et sa grace.

SOUMISSION A LA VOLONTÉ DIVINE

Les opinions celestes sur ce qu'il nous fault sont diverses aux nostres ! Dieu pourroit nous octroyer les richesses, les honneurs, la vie et la santé mesme, quelquesfois à nostre dommage ; car tout ce qui est plaisant ne nous est pas toujours salutaire. Si, au lieu de la guarison, il nous envoye la mort ou l'empirement de nos maux, *virga tua, et baculus tuus, ipsa me consolata sunt;* il le faict par les raisons de sa providence, qui regarde bien plus certainement ce qui nous est deu, que nous ne pouvons faire ; et le debvons prendre en bonne part, comme d'une main tressage et tresamie ; car de le requerir des honneurs, des charges, c'est le requerir qu'ils vous jectent à une bataille, ou au jeu des dez, ou de telle aultre chose de laquelle l'yssue vous est incogneue et le fruict doubteux.

L'AMOUR DE DIEU

Nous debvons plus d'amour à Dieu qu'à nous.

RECUEILLEMENT

———

Ce n'est pas assez de s'estre escarté du peuple : ce n'est pas assez de changer de place : il se faut escarter des conditions populaires qui sont en nous ; il se fault sequestrer et r'avoir de soy.

Il se fault reserver une arriere boutique, toute nostre, toute franche, en laquelle nous establissions nostre vraye liberté et principale retraicte et solitude. En cette cy fault il prendre nostre ordinaire entretien de nous à nous mesmes, et si privé, que nulle accointance ou communication estrangère y treuve place ; discourir et y rire, comme sans femme, sans enfants et sans biens, sans train et sans valets; Nous avons une ame contournable en soy mesme ; elle se peult faire compaignie ; elle a de quoy assaillir et de quoy deffendre, de quoy recevoir et de quoy donner. Ne craignons pas en cette solitude nous croupir d'oysifveté ennuyeuse.

PÉNITENCE

Foulques, comte d'Anjou, alla jusques en Jerusalem, pour là se faire fouetter à deux de ses valets, la chorde au col, devant le sepulchre de nostre Seigneur. Mais ne veoid on encore tous les jours, au vendredi sainct, en divers lieux, un grand nombre d'hommes et de femmes se battre jusques à se deschirer la chair et percer jusques aux os ? cela ay je veu souvent.

CHASTETÉ

Je ne sais si les exploicts de Cesar et d'Alexandre surpassent en rudesse la resolution d'une belle jeune femme, nourrie, en nostre fasçon, à la lumiere et commerce du monde, battue de tant d'exemples contraires, et se maintenant entiere au milieu de mille continuelles et fortes poursuittes. Et est le vœu de la virginité le plus noble de tous les vœux, comme estant le plus aspre : *Diaboli virtus in lumbis est*, dict sainct Jerosme.

La crainte de Dieu les doibt inciter à se conserver.

Le debvoir de chasteté a une grande estendue.

Je ne conseille pas aux dames d'appeler honneur leur debvoir. Leur debvoir est le marc, leur honneur n'est que l'escorce.

L'offense et envers Dieu et en la conscience serait aussi grande de désirer que d'effectuer.

Toute personne d'honneur choisit de perdre son honneur plutôt que de perdre sa conscience.

BONTÉ ENVERS LES SERVITEURS

Le conseil de Platon ne me plaist pas, de parler tousjours d'un langage maestral à ses serviteurs, sans jeu, sans familiarité, soit envers les masles, soit envers les femelles ; car, oultre ma raison, il est inhumain et injuste de faire valoir cette telle quelle prerogative de la fortune ; et les polices où il se souffre moins de disparité entre les valets et les maistres, me semblent les plus equitables.

Pour bien faire, ne debvrions jamais mettre la main sur nos serviteurs, tandis que la cholere nous dure.

Les chastiements qui se font avecques poids et discretion se receoivent bien mieulx et avecques plus de fruict de celuy qui les souffre : aultrement, il ne pense pas avoir esté justement condemné par un homme agité d'ire et de furie :

LE COMMERCE AVEC LES PETITS

Le bon pere que Dieu me donna, qui n'a de moy que la recognoissance de sa bonté, mais certes bien gaillarde, m'envoya, dez le berceau, nourrir à un pauvre village des siens, et m'y teint autant que je feus en nourrice, et encores au delà ; me dressant à la plus basse et commune façon de vivre.

Son humeur visoit à me r'allier avecques le peuple, et cette condition d'hommes qui a besoing de nostre ayde ; et estimoit que je feusse tenu de regarder plustost vers celuy qui me tend les bras, que vers celui qui me tourne le dos : et feut cette raison, pour quoy il me donna à tenir, sur les fonts, à des personnes de la plus abjecte fortune, pour m'y obliger et attacher.

VERTUS DU PAUVRE

Regardons à terre : les pauvres gents que nous y veoyons espandus, la teste penchante aprez leur besongne, qui ne sçavent ny Aristote, ni Caton, ny exemple ny precepte ; de ceulx là tire nature touts les jours des effects de constance plus purs et plus roides que ne sont ceulx que nous estudions si curieusement en l'eschole : combien en veois je ordinairement qui mescognoissent la pauvreté ; combien qui desirent la mort, ou qui la passsent sans alarme et sans affliction ? Celuy là qui fouït mon jardin, il a, ce matin, enterré son pere ou son fils. Les noms mesmes, dequoy ils appellent les maladies, en adoulcissent et amollissent l'aspreté : la Phthisie, c'est la toux pour eulx ; la Dysenterie, devoyement d'estomach ; un Pleuresis, c'est un morfondement : et, selon qu'ils les nomment doulcement, il les supportent aussi ; elles sont bien griefves, quand elles rompent leur travail ordinaire ; ils ne s'allictent que pour mourir.

Ay veu en mon temps cent artisans, cent labooreurs plus sages et plus heureux que des Recteurs de l'Université et lesquels i aimerais mieulx ressembler.

LE MAL

LA FOI SANS LES ŒUVRES

Je ne loue pas volontiers ceulx que je veois prier Dieu plus souvent et plus ordinairement, si les actions voisines de la priere ne me tesmoignent quelque amendement et reformation. Et l'assiette d'un homme meslant à une vie exsecrable la devotion, semble estre aulcunement plus condemnable que celle d'un homme conforme à soy, et dissolu partout : pourtant refuse nostre Eglise touts les jours la faveur de son entree et societé aux mœurs obstinees à quelque insigne malice.

Nous prions par usage et par coustume,

ou, pour mieulx dire, nous lisons ou prononceons nos prieres ; ce n'est enfin que mine : et me desplaist de veoir faire trois signes de croix au Benedicite, autant à Grace ; et ce pendant, toutes les aultres heures du jour, les veoir occupees à la haine, l'avarice, l'injustice : aux vices leur heure ; son heure à Dieu, comme par compensation et composition. C'est miracle de veoir continuer des actions si diverses, d'une si pareille teneur, qu'il ne s'y sente poin d'interruption et d'alteration, aux confins mêmes et passage de l'une à l'aultre. Quelle prodigieuse conscience se peult donner repos, nourrissant en mesme giste, d'une société si accordante et si paisible, le crime et le juge ?

FOLIE DU PÉCHEUR

Si nous le croyions, je ne dis pas par foy, mais d'une simple croyance ; voire (et je le dis à nostre grande confusion) si nous le croyions et cognoissions, comme une aultre histoire, comme l'un de nos compaignons, nous l'aymerions au dessus de toutes aultres choses, pour l'infinie bonté et beaulté qui reluict en luy : au moins marcheroit il en mesme reng de nostre affection que les richesses, les plaisirs, la gloire, et nos amis. Le meilleur de nous ne craint point de l'oultrager, comme il craint d'oultrager son voisin, son parent, son maistre.

Est il si simple entendement, lequel ayant d'un costé l'object d'un de nos vicieux plaisirs, et de l'aultre, en pareille cognoissance et persuasion, l'estat d'une gloire immortelle, entrast en bigue de l'un pour l'autre ? et si, nous y renonceons souvent de pur mespris.

CONSCIENCES FAUSSÉES

J'en ai vu une qui dérobait gros à son mari pour, disait-elle à son confesseur, faire ses aumônes plus grasses! Fiez-vous à cette religieuse dispensation!

« Pardonne nous, disons nous, comme nous pardonnons à ceulx qui nous ont offensez : » que disons-nous par là, sinon que nous luy offrons nostre ame exempte de vengeance et de rancune? Toutesfois nous invoquons Dieu et son ayde au complot de nos fautes, et le convions à l'injustice; l'avaricieux le prie pour la conservation vaine et superflue de ses thresors;

l'ambitieux, pour ses victoires et conduicte de sa fortune; le voleur l'employe à son ayde, pour franchir le hazard et les difficultez qui s'opposent à l'execution de ses meschantes entreprinses, ou le remercie de l'aysance qu'il a trouvé à desgosiller un passant; au pied de la maison qu'ils vont escheller ou petarder, ils font leurs prieres, l'intention et l'esperance pleine de cruauté, de luxure et d'avarice.

Une vraye priere est une religieuse reconciliation de nous à Dieu, elle ne peult tomber en une ame impure et soubmise, lors mesme à la domination de Satan. Celuy qui appelle Dieu à son assistance pendant qu'il est dans le train du vice, il faict comme le coupeur de bourse qui appelleroit la justice à son ayde, ou comme ceulx qui produisent le nom de Dieu en tesmoignage de mensonge.

Il semble, à la vérité, que nous nous servons de nos prieres comme d'un jargon, et comme ceulx qui employent les paroles sainctes et divines à des sorcelleries et effects magiciens ; et que nous facions nostre compte que ce soit de la contexture, ou son, ou suitte des mots, ou de nostre contenance, que despende leur effect : car ayants l'ame pleine de concupiscence, non touchee de repentance n'y d'aulcune nouvelle reconciliation envers Dieu, nous luy allons presenter ces paroles que la memoire preste à notre langue, et esperons en tirer une expiation de nos faultes.

ORGUEIL

C'est à Dieu seul à qui gloire et honneur appartient : et il n'est rien si esloingné de raison, que de nous en mettre en queste pour nous.

Il y a je ne sçais quelle doulceur naturelle à se sentir louer ; mais nous luy prestons trop de beaucoup.

Pour Dieu ! regardons à quel fondement nous attachons cette gloire et reputation pour laquelle se bouleverse le monde : où asseons nous cette renommee que nous allons questant avecques si grand'peine ? c'est, en somme, Pierre ou Guillaume qui la porte, prend en garde, et à qui elle touche. O la courageuse faculté que l'espérance, qui, en un subject mortel, et en un moment, va usurpant l'infinité, l'immensité, l'eternité, et remplissant l'indigence de son maistre de la possession de toutes les choses qu'il peult imaginer et desirer autant qu'elle veult ! Nature nous a là donné un plaisant jouet !

L'humilité, la crainte, l'obeïssance, la debonneraité, qui sont les pieces generales pour la conservation de la societé humaine, demandent une ame vuide, docile, et presumant peu de soy.

Il fault mettre aux pieds cette sotte vanité, et secouer vifvement et hardiement les fondements ridicules sur quoy ces faulses opinions se bastissent. Tant qu'il pensera avoir quelque moyen et quelque force de soy, jamais l'homme ne recognoistra ce qu'il doibt à son maistre ;

il fera tousjours de ses œufs poules, comme on dict : il le fault mettre en chemise.

Si avons nous beau monter sur des eschasses ; car, sur des eschasses, encores faut il marcher de nos jambes ; et au plus eslevé throsne du monde, si ne sommes nous assis que sur nostre cul.

La saincte Parole déclare misérables ceulx d'entre nous qui s'estiment. « Bourbe et cendre » leur dict-elle, qu'as tu à te glorifier ? »

MENSONGE

C'est un vilain vice que le mentir, et qu'un ancien peinct bien honteusement, quand il dict que « c'est donner tesmoignage de mespriser Dieu, et quand et quand de craindre les hommes : » il n'est pas possible d'en representer plus richement l'horreur, la vilité, et le desreglement ; car que peult on imaginer plus vilain que d'estre couard à l'endroict des hommes, et brave à l'endroict de Dieu ?

Celuy qui dict vray, parce qu'il y est d'ailleurs obligé, et parce qu'il sert, et qui ne craint point à dire mensonge, quand il n'importe à personne, il n'est pas veritable suffisamment.

Il ne fault pas tousjours dire tout ; car ce seroit sottise : mais ce qu'on dict, il fault qu'il soit tel qu'on le pense ; aultrement, c'est mechanceté.

En verité, le mentir est un mauldict vice : nous ne sommes hommes, et nous ne tenons les uns aux aultres, que par la parole. Si nous en cognoissions l'horreur et le poids, nous le poursuivrions à feu, plus justement que d'aultres crimes. Je treuve qu'on s'amuse ordinairement à chastier aux enfants des erreurs innocentes, tresmal à propos, et qu'on les tormente pour des actions tesmeraires qui n'ont n'y impression ny suitte. La menterie seule me semble estre celle desquelles on debvroit à toute instance combattre la naissance et le progrez : elles croissent quand et eulx ; et depuis qu'on a donné ce fauls train à la langue, c'est merveille combien il est impossible de l'en retirer :

par où il advient que nous veoyons des honnestes hommes d'ailleurs, y estre subjects et asservis.

Le mentir me semble encores pire que la paillardise.

HYPOCRISIE

Quant à cette nouvelle vertu de feinctise et dissimulation, qui est à cette heure si fort en credit, je la hais capitalement ; et de touts les vices, je n'en treuve aulcun qui tesmoigne tant de lascheté et bassesse de cœur. C'est une humeur couarde et servile de s'aller desguiser et cacher soubs un masque, et de n'oser se faire veoir tel qu'on est ; par là nos hommes se dressent à la perfidie ; estants duicts à produire des paroles faulses, ils ne font pas conscience d'y manquer. Un cœur genereux ne doibt point desmentir ses pensees ; il se veult faire veoir jusques au dedans ; tout y est bon, ou au moins, tout y est humain.

AVARICE

Depuis que vous estes accoustumé et avez planté vostre fantaisie sur certain monceau, il n'est plus à vostre service ; vous n'oseriez l'escorner ; c'est un bastiment qui, comme il vous semble, croulera tout si vous y touchez ; il fault que la necessité vous prenne à la gorge pour l'entamer.

On va tousjours grossissant cet amas, et l'augmentant d'un nombre à aultre, jusques à se priver vilainement de la jouissance de ses propres biens, et l'establir tout en la garde, et n'en user point.

Oh! le vilain et sot estude, d'estudier son argent, se plaire à le manier, poiser et recompter!

PAILLARDISE

Un homme de qui la paillardise sans cesse regente la teste, et qui la juge tresodieuse à la vue divine, que dict il à Dieu quand il luy en parle ? Il se ramene ; mais soubdain il recheoit. Si l'object de la divine justice et sa presence frappoient, comme il dict, et chastioient son ame ; pour courte qu'en feust la penitence, la crainte mesme y rejecteroit si souvent sa pensee, qu'incontinent il se verroit maistre de ces vices qui sont habituez et acharnez en lui.

COLÈRE

———

Il n'est passion qui esbranle tant la sincerité des jugements, que la cholere.

Pendant que le pouls nous bat et que nous sentons de l'esmotion, remettons la partie : les choses nous sembleront à la verité aultres, quand nous serons r'accoysez et refroidis. C'est la passion qui commande lors, c'est la passion qui parle : ce n'est pas nous : au travers d'elle, les faultes nous apparoissent plus grandes, comme les corps au travers d'un brouillas.

C'est une passion qui se plaist en soy, et qui se flatte. Combien de fois, nous estants esbranlez sous une faulse cause, si on vient à nous presenter quelque bonne deffense ou excuse, nous despitons nous contre la verité mesme et l'innocence ?

JUREMENT

Ceulx mesmes qui ne sont pas des nostres, deffendent pourtant entre eulx l'usage du nom de Dieu en leurs propos communs ; ils ne veulent pas qu'on s'en serve par une manière d'interjection ou d'exclamation, ny pour tesmoignage, ny pour comparaison : en quoy je treuve qu'ils ont raison ; et en quelque maniere que ce soit que nous appellons Dieu à nostre commerce et société, il fault que ce soit serieusement et religieusement.

IVROGNERIE

L'yvrongnerie, entre les aultres, me semble un vice grossier et brutal. L'esprit a plus de part ailleurs; et il y a des vices qui ont je ne sais quoy de genereux, s'il le fault ainsi dire ; il y en a où la science se mesle, la diligence, la vaillance, la prudence, l'adresse et la finesse : cettuy cy est tout corporel et terrestre. Aussi la plus grossiere nation de celles qui sont aujourd'huy, c'est celle là seule qui le tient en credit. Les aultres vices alterent l'entendement ; cettuy cy le renverse, et estonne le corps.

Le pire estat de l'homme, c'est où il perd la cognoissance et gouvernement de soy.

SUICIDE

La contexture naturelle regarde, par son usage, non seulement nous, mais aussi le service de Dieu et des aultres hommes ; c'est injustice de nous tuer pour quelque pretexte que ce soit.

Hegesias disoit, que comme la condition de la vie, aussi la condition de la mort debvoit despendre de nostre eslection.

Mais cecy ne s'en va pas sans contraste : car plusieurs tiennent, Que nous ne pouvons abandonner cette garnison du monde, sans le commandement exprez de celuy qui nous y a mis ; et Que c'est à Dieu, qui nous a icy envoyez, non pour nous seulement, ouy bien pour sa gloire, et service d'aultruy, de nous donner congé quand il lui plaira, non à nous de le prendre : Que nous ne sommes pas nayz pour nous, ains aussi pour nostre païs : Les loix nous redemandent compte de nous pour leur interest, et ont action d'homicide contre nous ; aultrement, comme deserteurs de notre charge, nous sommes punis en l'aultre monde.

Il y a bien plus de constance à user la chaisne qui nous tient, qu'à la rompre, et plus d'espreuve de fermeté en Regulus qu'en Caton ; c'est l'indiscretion et l'impatience qui nous haste le pas. Nuls accidents ne font tourner le dos à la vifve vertu ; elle cherche les maulx et la douleur comme son aliment ; les menaces des tyrans, les gehennes des bourreaux, l'animent et la vivifient.

C'est le roole de la couardise, non de la vertu, de s'aller tapir dans un creux, soubs une tumbe massive, pour eviter les coups de la fortune ; la vertu ne rompt son chemin ny son train, pour orage qu'il fasse.

DUEL

—

En mon enfance, la noblesse fuyoit la reputation de bien escrimer comme injurieuse, et se desroboit pour l'apprendre, comme un mestier de subtilité desrogeant à la vraye et naïfve vertu.

Les buttes, les tournois, les barrieres, l'image des combats guerriers, estoient l'exercice de nos peres; cet aultre exercice est d'autant moins noble, qu'il ne regarde qu'une fin privée; qui nous apprend à nous entreruyner, contre les loix et la justice, et qui, en toute façon, produict tousjours des effet dommageables. Il est bien plus digne et mieulx seant de s'exercer en choses qui asseurent, non qui offensent notre police, qui regardent la publicque seureté et la gloire commune.

LA FIN

LA VIEILLESSE

Dieu faict grace à ceulx à qui il soubstraict la vie par le menu : c'est le seul benefice de la vieillesse : la derniere mort en sera d'autant moins pleine et nuisible, elle ne tuera plus qu'un demy ou un quart d'homme. Voylà une dent qui me vient de cheoir, sans douleur, sans effort ; c'étoit le terme naturel de sa duree : et cette partie de mon estre, et plusieurs aultres, sont desja mortes, aultres demy mortes, des plus actifves, et qui tenoient le premier reng pendant la vigueur de mon aage. C'est ainsi que je fonds, et eschappe à moy.

Veoyez un vieillard qui demande à Dieu qu'il luy maintienne sa santé entière et vigoreuse, c'est à dire qu'il le remette en jeunesse : n'est-ce pas folie? sa condition ne le porte pas.

Mon bon homme, c'est faict : on ne vous sçauroit redresser; on vous plastrera pour le plus, et testonnera un peu, et alongera lon de quelque heure vostre misere.

PÉCHÉS DE LA VIEILLESSE

Nous appellons sagesse la difficulté ne nos humeurs, le desgoust des choses presentes; mais, à la verité, nous ne quittons pas tant les vices, comme nous les changeons, et, à mon opinion, en pis : oultre une sotte et caducque fierté, un babil ennuyeux, ces humeurs espineuses et inassociables, et la superstition, et un soing ridicule des richesses, lors que l'usage en est perdu, j'y treuve plus d'envie, d'injustice et de malignité ; elle nous attache plus de rides en l'esprit qu'au visage ; et ne se veoid point d'ames, ou fort rares, qui en vieillissant ne sentent l'aigre et le moisi.

DE LA CONVERSION TARDIVE

Je hais cet accidental repentir que l'aage apporte. Je ne sçauray jamais bon gré à l'impuissance, de bien qu'elle me face. Nos appetits sont rares en la vieillesse ; une profonde satieté nous saisit apres le coup : en cela, je ne veois rien de conscience ; le chagrin et la foiblesse nous impriment une vertu lasche et catarrheuse.

Pour la veoir hors de combat, je ne l'estime pas plus valeureuse.

S'il y a convalescence, c'est une convalescence maleficiee. Miserable sorte de remède, debvoir à la maladie sa santé !

Il fault que Dieu nous touche le courage : il fault que nostre conscience s'amende d'elle mesme, par renforcement de nostre raison, non par l'affoiblissement de nos appetits.

On doibt aymer la temperance par elle mesme, et pour le respect de Dieu qui nous l'a ordonnee, et la chasteté ; celle que les catarrhes nous prestent, et que je dois au benefice de ma cholique, ce n'est ny chasteté, ny temperance.

LA RETRAITE

C'est assez vescu pour aultruy ; vivons pour nous, au moins ce bout de vie : ramenons à nous et à nostre ayse nos pensees et nos intentions. Ce n'est pas une legiere partie que de faire seurement sa retraicte : elle nous empesche assez, sans y mesler d'aultres entreprinses. Puisque Dieu nous donne loisir de disposer de notre deslogement, preparons nous y ; plions bagage, prenons de bonne heure congé de la compagnie, despestrons nous de ces violentes prinses qui nous engagent ailleurs et esloignent de nous.

Il fault desnouer ces obligations si fortes. Il est temps de nous desnouer de la societé, puisque nous n'y pouvons rien apporter : et qui ne peult prester, qu'il se deffende d'emprunter. Nos forces nous faillent : retirons les, et resserrons nous.

En cette cheute qui le rend inutile, poisant et importun aux aultres, qu'il se garde d'estre importun à soy mesme, et poisant, et inutile.

PENSER A LA MORT

La mort est origine d'une aultre vie ; ainsi pleurasmes nous, ainsi nous cousta il d'entrer en cette cy, ainsi nous despouillasmes nous de nostre ancien voile en y entrant.

Le but de nostre carrierre c'est la mort ; c'est l'object necessaire de nostre visee : si elle nous effroye, comme est il possible d'aller un pas en avant sans fiebvre ? Le remede du vulgaire, c'est de n'y penser pas : mais de quelle brutale stupidité luy peult venir un si grossier aveuglement

On faict peur à nos gents seulement de nommer la mort ; et la pluspart s'en seignent, comme du nom du diable.

Ils vont, ils viennent, ils trottent, ils dansent ; de mort, nulles nouvelles ; tout cela est beau ; mais aussi, quand elle arrive ou à eulx, ou à leurs femmes, enfants et amis, les surprenant en dessoude et à découvert, quels torments, quels cris, quelle rage et quel desespoir les accable ! vistes vous jamais rien si rabbaissé, si changé, si confus ? Il y fault prouveoir de meilleure heure.

Pauvre fol que tu es, qui t'a estably les termes de ta vie ? Tu te fondes sur les contes des medecins ; regarde plustot l'effect et l'experience. Par le commun train des choses, tu vis pieça par faveur extraordinaire : tu as passé les termes accoutumez de vivre. Et qu'il soit ainsi, compte de tes cognoissants combien il en est mort avant ton aage plus qu'il n'en y a qui l'ayent atteint : et de ceulx mesmes qui ont anobly leur vie par renommee, fais en. registre; et j'entreray en gageure d'en trouver plus qui sont morts avant qu'aprez trente cinq ans.

Combien a la mort de façons de surprinse ! je laisse à part les fiebvres et les pleuresies.

Ces exemples si frequents et si ordinaires nous passants devant les yeux, comme est il possible qu'on se puisse desfaire du pensement de la mort ?

Si c'estoit ennemy qui se peult esviter, je conseillerois d'emprunter les armes de la couardise : mais puisqu'il ne se peult, puisque qu'il vous attrape fuyant et poltron aussi bien qu'honneste homme, et que nulle trempe de cuirasse ne vous couvre, apprenons à le soustenir de pied ferme et à le combattre : et, pour commencer à luy oster son plus grand advantage contre nous, prenons voye toute contraire à la commune ; ostons luy l'estrangeté, praticquons le, accoustumons le : n'ayons rien si souvent en la teste que la mort, à touts instants representons la à nostre imagination et en touts visages ; au broncher d'un cheval, à la cheute d'une tuile, à la moindre picqueure d'espingle, remaschons soubdain : « Eh bien ! quand ce seroit la mort mesme ! » et là dessus, roidissons nous, et nous efforceons. Parmi les festes et la joye, ayons tousjours ce refrain de la souvenance de nostre condition ; et ne nous laissons pas si fort emporter au plaisir, que par fois il ne nous repasse en la memoire en combien de sortes cette nostre alaigresse est en butte à la mort, et de combien de prinse elle la menace.

Il est incertain où la mort nous attende : attendons la partout.

De vray, les hazards et dangiers nous approchent peu ou rien de nostre fin : et si nous pensons combien il en reste, sans cet accident qui semble nous menacer le plus, de millions d'aultres sur nos testes, nous trouverons que, gaillards et fiebvreux, en la mer et en nos maisons, en la battaille et en repos, elle nous est égualement prez.

Il fault estre tousjours botté et prest à partir, entant qu'en nous est.

DÉSIR DE LA MORT

Sainct Hilaire, evesque de Poitiers, ce fameux ennemy de l'heresie arienne, estant en Syrie, feut adverty qu'Abra, sa fille unique, qu'il avoit par deçà avecques sa mere, estoit poursuyvie en mariage par les plus apparents seigneurs du païs, comme fille tresbien nourrie, belle, riche, et en la fleur de son aage : il luy escrivit (comme nous veoyons) qu'elle ostast son affection de touts ces plaisirs et advantages qu'on luy presentoit; qu'il luy avoit trouvé en son voyage un party bien plus grand et plus digne, d'un mary de bien aultre pouvoir et magnificence, qui luy feroit present de robbes, et de joyaux de prix inestimable. Son desseing estoit de luy faire perdre l'appetit et l'usage des plaisirs mondains, pour la joindre toute à Dieu; mais à cela le plus court et le plus certain moyen luy semblant estre la mort de sa fille, il ne cessa par vœux, prieres et oraisons, de faire requeste à Dieu, de l'oster de ce monde, et de l'appeler à soy, comme il advint; car bientost aprez son retour elle luy mourut, de quoy il montra une singuliere joye. La femme de sainct Hilaire, ayant entendu par luy comme la mort de leur fille s'estoit conduicte par son desseing et volonté, et combien elle avoit plus d'heur d'estre deslogee de ce monde que d'y estre, print une si vifve apprehension de la beatitude eternelle et celeste, qu'elle solicita son mary avecques extreme instance d'en faire autant pour elle. Et Dieu, à leurs prieres communes, l'ayant retiree à soy bientost aprez, ce feut une mort embrassee avecques singulier contentement commun.

SAINTE MORT

LETTRE DE MONTAIGNE SUR LA MORT
DE SON AMI LA BOETIE

Nous ayant recommendé les uns aux aultres il suyvit ainsin : « Ayant mis ordre à mes biens, encores me fault il penser à ma conscience. Je suis chrestien, je suis catholique : tel ay vescu, tel suis je deliberé de clorre ma vie. Qu'on me face venir un presbtre ; car je ne veulx faillir à ce dernier debvoir d'un chrestien. »

Lors il feit appeler mademoiselle de Saint Quentin sa niepce, et parla ainsi à elle : « Ma niepce m'amie, pour me descharger, je t'advertis d'estre premierement devote envers Dieu : car c'est sans doubte la principale partie de nostre debvoir, et sans laquelle nulle aultre action ne peult estre ny bonne ny belle ; et celle là y estant bien à bon escient, elle traisne aprez soy, par necessité, toutes aultres actions de vertu. Ne te laisse point emporter aux plaisirs : fuy comme peste ces folles privautez que tu veois les femmes avoir quelquesfois avecques les hommes ; car, encores que sur le commencement elles n'ayent rien de mauvais, toutesfois petit à petit elles corrompent l'esprit, et le conduisent à l'oysifveté, et de là, dans le vilain bourbier du vice. Croismoy : la plus seure garde de la chasteté à une fille, c'est la severité. Je te prie, et veulx, qu'il te souvienne de moy, pour avoir souvent devant les yeulx l'amitié que je t'ay portee ; non pas pour te plaindre, et pour te douloir de ma perte, et cela deffends je à tous mes amis tant que je puis, attendu qu'il sembleroit qu'ils feussent envieux du bien, duquel, mercy à ma mort, je me verrai bientost jouïssant; et t'assure, ma fille, que si Dieu me donnoit à cette heure à choisir, ou de retourner à vivre encores ou d'achever le voyage que j'ai commencé, je serois bien empesché au chois. Adieu, ma niepce m'amie. »

Et puis appella mon frere de Beauregard : « Monsieur de Beauregard, luy dict il, je vous mercie bien fort de la peine que vous prenez pour moy. Vous voulez bien que je vous descouvre quelque chose que j'ay sur le cœur à dire ? » De quoy quand mon frere luy eut donné asseurance, il suyvit ainsi : « Je vous jure que de touts ceulx qui se sont mis à la reformation de l'Eglise, je n'ay jamais pensé qu'il y en ayt eu un seul qui s'y soit mis avecques meilleur zele, plus entiere, sincere et simple affection, que vous : et crois certainement que les seuls vices de nos prelats, qui ont sans doubte besoing d'une grande correction, et quelques imperfections que le cours du temps a apporté en nostre Eglise, vous ont incité à cela. Je ne vous en veulx, pour cette heure, desmouvoir car aussi ne prie je pas volontiers personne de faire quoy que ce soit contre sa conscience mais je vous veulx bien advertir qu'ayant respect à la bonne reputation qu'a acquis la maison de laquelle vous estes par une continuelle concorde, maison que j'ay autant chere que maison du monde (mon Dieu, quelle case, de laquelle il n'est jamais sorty acte que d'homme de bien!), ayant respect à la volonté de vostre pere, ce bon pere à qui vous debvez tant, de vostre bon oncle, à vos freres, vous fuyiez ces extrsmitez : ne soyez point si aspre et si violent ; accommodez vous à eux : ne faites point de bande et de corps à part; joignez vous ensemble. Vous veoyez combien de ruynes ces dissensions ont apporté en ce royaume; et vous responds qu'elles en apporteront de bien plus grandes. Et, comme vous estes sage et bon gardez de mettre ces inconvenients parmy vostre famille, de peur de luy faire perdre la gloire et le bonheur duquel elle a jouï jusques à cette heure. Prenez en bonne part, monsieur de Beauregard, ce que je vous en dis, et pour un certain tesmoignage de l'amitié que je vous porte : car pour cet effect me suis je reservé, jusques à cette heure, à vous le dire, et, à l'adventure, vous le disant en l'estat auquel vous me veoyez, vous donnerez plus de poids et d'auctorité à mes paroles. » Mon frere le remercia bien fort.

Le mardi matin, monsieur de La Boëtie demanda son presbtre, pour l'aider, dict il, à faire son dernier office chrestien. Ainsin, il ouït la messe, et feit ses pasques. Et comme le presbtre prenoit congé de luy, il luy dict : « Mon pere spirituel, je vous supplie humblement, et vous et ceulx qui soubs vostre charge, priez Dieu pour moy. Soit qu'il soit ordonné, par les tressacrez thresors des desseings de Dieu, que

je finisse à cette heure mes jours, qu'il ayt pitié
de mon ame, et me pardonne mes pechez, qui
sont infinis, cnmme il n'est pas possible que
si vile et si basse creature que moy aye peu
executer les commandements d'un si hault et si
puissant maistre : Ou, s'il lui semble que je face
encores besoing par deçà, et qu'il veuille me
reserver à quelque aultre heure, suppliez le
qu'il finisse bientost en moy les angoisses que je
souffre, et qu'il me face la grace de guider do-
resnavant mes pas à la suyte de sa volonté, et
de me rendre meilleur que je n'ay esté. » Sur ce
poinct, il s'arresta un peu pour prendre haleine ;
et voyant que le presbtre s'en alloit, il le rappela
et luy dict : « Encores veulx je dire cecy en
vostre presence : Je proteste que comme j'ay
esté baptizé. ay vescu, ainsi veulx je mourir
soubs la foy et religion que Moïse planta premierement en Aegypte; que les peres receu=
rent depuis en Judée ; et qui de main en main,
par succession de temps, a esté apportee en

France. » Il sembla, à le veoir, qu'il eust parlé encores plus long temps, s'il eust pu : mais il finit, priant son oncle et moy de prier Dieu pour luy : une heure aprez, ou environ, me nommant une fois ou deux, et puis tirant à soy un grand soupir, il rendit l'ame.

DERNIER ACTE DE FOI

LETTRE D'ÉTIENNE PASQUIER SUR LA MORT DE SON AMI MONTAIGNE

Il mourut en sa maison de Montaigne où lui tomba une exquinancie sur la langue, de façon qu'il demeura trois jours entiers plein d'entendement, sans pouvoir parler; au moyen de quoi il était contraint d'avoir recours à sa plume pour faire entendre ses volontés. Et comme il sentit sa fin approcher, il pria, par un petit bulletin sa femme d'avertir quelques gentilshommes, siens voisins, afin de prendre congé d'eux. Arrivés qu'ils furent, il fit dire la messe en la chambre ; et comme le prebstre etait sur l'elevation du *Corpus Domini* ce pauvre gentilhomme s'elança, au moins mal qu'il put, sur son lit, les mains jointes; et en ce dernier acte rendit son esprit à Dieu; ce qui fut un beau miroir de l'interieur de son ame.

FIN

INDICATION DES TEXTES

ESSAIS

Profession de foi. . . . . . . $\begin{cases} \text{Livre I, chap. 56.} \\ \text{Livre II, ch. 3, 12, 19.} \\ \text{Livre III, chap. 2.} \end{cases}$

LA FOI ET LA RAISON

La Foi par Don	Livre II, chap. 12.
Si nous avions la Foi	idem.
La Raison sans la grâce	idem.
La Raison avec la grâce	idem.
La Foi des simples	idem.

Vanité de la Science . . . . . $\begin{cases} \text{Livre I, chap. 24.} \\ \text{Livre II, chap. 12, 17.} \\ \text{Livre III, chap. 6.} \end{cases}$

Les Demi-Savants . . . . . . Livre I, chap. 54.

DIEU ET L'HOMME

Dieu.	Livre II, chap. 12.
Dieu manifesté par la création . .	idem.
Puissance de Dieu	idem.
Providence de Dieu	idem.
Prescience de Dieu	Livre II, chap. 29.
Comment l'homme glorifie Dieu . .	Livre II, chap. 16.
Dieu et les Païens	Livre II, chap. 12.
Présomption de l'homme	idem.
Néant de l'homme	{ Livre I, chap. 19. { Livre II, chap. 12.
Vanité des grandeurs.	{ Livre I, chap. 42. { Livre II, chap. 12.

L'EGLISE

La Révélation.	Livre II, chap. 12.
Autorité nécessaire de l'Eglise . .	idem.
Le Péché originel.	Livre II, chap. 12.
Le Salut du monde	Livre I, chap. 22.
La Résurrection de la Chair . . .	Livre II, chap. 17.
Le Ciel.	Livre II, chap. 12.
L'Enfer.	Livre I, chap. 56.
Le Purgatoire.	Livre II, chap. 12.
Jésus-Christ	{ Livre I, chap. 19. { Livre II, chap. 17.

La Sainte-Vierge.	Livre I, chap. 36 et Voyage en Italie.
Les Saints.	Livre I, ch. 38 et 40. Livre II, chap. 8. Livre III, chap. 13.
Le Pape.	Livre II, chap. 9. Livre III, chap. 6 et Voyage en Italie.
Clergé désintéressé	Voyage en Italie.
Défaillances du Clergé	Livre II, ch. 12 et 31.
Effets du Culte	Livre I, chap. 56. Livre II, chap. 12.
Le Pater Noster	Livre I, chap. 56.
Les Miracles	Livre I, chap. 26 et Voyage en Italie.
Les Sacrements	Livre II, chap. 12.
L'Eucharistie.	idem.
La Confession.	Livre III, chap. 5.
La Contrition.	Livre I, chap. 56.
Faux repentir.	Livre III, chap. 2.
La réparation	Livre I, ch. 7 et 56.
Le Mariage	Livre I, chap. 29. Livre II, chap. 5.
L'Extrême-Onction	Livre III, chap. 9.
Les Défauts	Livre I, chap. 19. Livre III, chap. 9.
Le Catéchisme	Livre I, chap. 25.
Les Couvents.	Livre I, ch. 18 et 36. Livre III, chap. 12 et Voyage en Italie.

Les observances	Livre I, ch. 9, 16, 56. Livre III, ch. 13 et Voyage en Italie.

HORS L'EGLISE

Athéisme	Livre II, chap. 12.
Sorcellerie	Livre I, chap. 11 et 20 Livre III, chap. 11.
Protestantisme	Livre II, ch. 12 et 32.
L'Interprétation de la Bible . . .	Livre I, chap. 56.
Concessions inutiles	Livre I, chap. 26.
La France déchirée par la Réforme .	Livre III, chap. 12.
La Réforme en Angleterre . . .	Livre II, chap. 12.
Les Sectes en Allemagne	Livre III, chap. 13.
La Foi ravivée par l'hérésie . . .	Livre II, chap. 15.

LE BIEN

La chose nécessaire	Livre II, chap. 16.
L'effort dans la vertu	Livre III, chap. 2.
Fuir la tentation	Livre III, chap. 10.
La récompense n'est pas dans les succès	Livre I, chap. 31.
Récompense et punition dans la conscience	Livre III, chap. 12.
Vertus de la vie commune	idem.
Vertu cachée	Livre II, chap. 16. Livre III, chap. 2.
Vertus du foyer	Livre II, chap. 9.
Abandon en Dieu	Livre II, chap. 12.
Soumission à la volonté divine . .	idem.

Amour de Dieu	Livre I, chap. 36.
Recueillement.	Livre I, chap. 38.
Pénitence	Livre I, chap. 40.
Chasteté.	{ Livre II, chap. 16. { Livre III, chap. 5.
Bonté envers les serviteurs. . . .	{ Livre II, chap. 31. { Livre III, chap. 3.
Commerce avec les petits	Livre III, chap. 13.
Vertus des pauvres	{ Livre I, chap. 12. { Livre III, chap. 12.

LE MAL

La Foi sans les œuvres.	Livre I, chap. 56.
Folie du pécheur	Livre II, chap. 12.
Consciences faussées	{ Livre I, chap. 56. { Livre II, chap. 8.
Orgueil	{ Livre I, chap. 46. { Livre II, chap. 12, 16.
Mensonge	{ Livre II, chap. 17, 18. { Livre III, chap. 5.
Hypocrisie.	Livre II, chap. 17.
Avarice.	Livre I, chap. 40.
Paillardise	Livre I, chap. 56.
Colère	Livre II, chap. 31.
Jurement	Livre I, chap. 56.
Ivrognerie	Livre II, chap. 2.
Suicide.	Livre II, chap. 3 et 22.
Duel	Livre II, chap. 27.

LA FIN

La vieillesse	Livre III, chap. 13.
Péchés de la vieillesse	Livre III, chap. 2.
De la Conversion tardive	idem.
La Retraite	Livre I, chap. 19.
Penser à la mort	idem.
Désir de la mort	Livre I, chap. 35.
Sainte Mort	Lettre sur La Boétie.
Dernier acte de Foi	Lettre d'Et. Pasquier.

EMILE COLIN. — Imp. de Lagny.

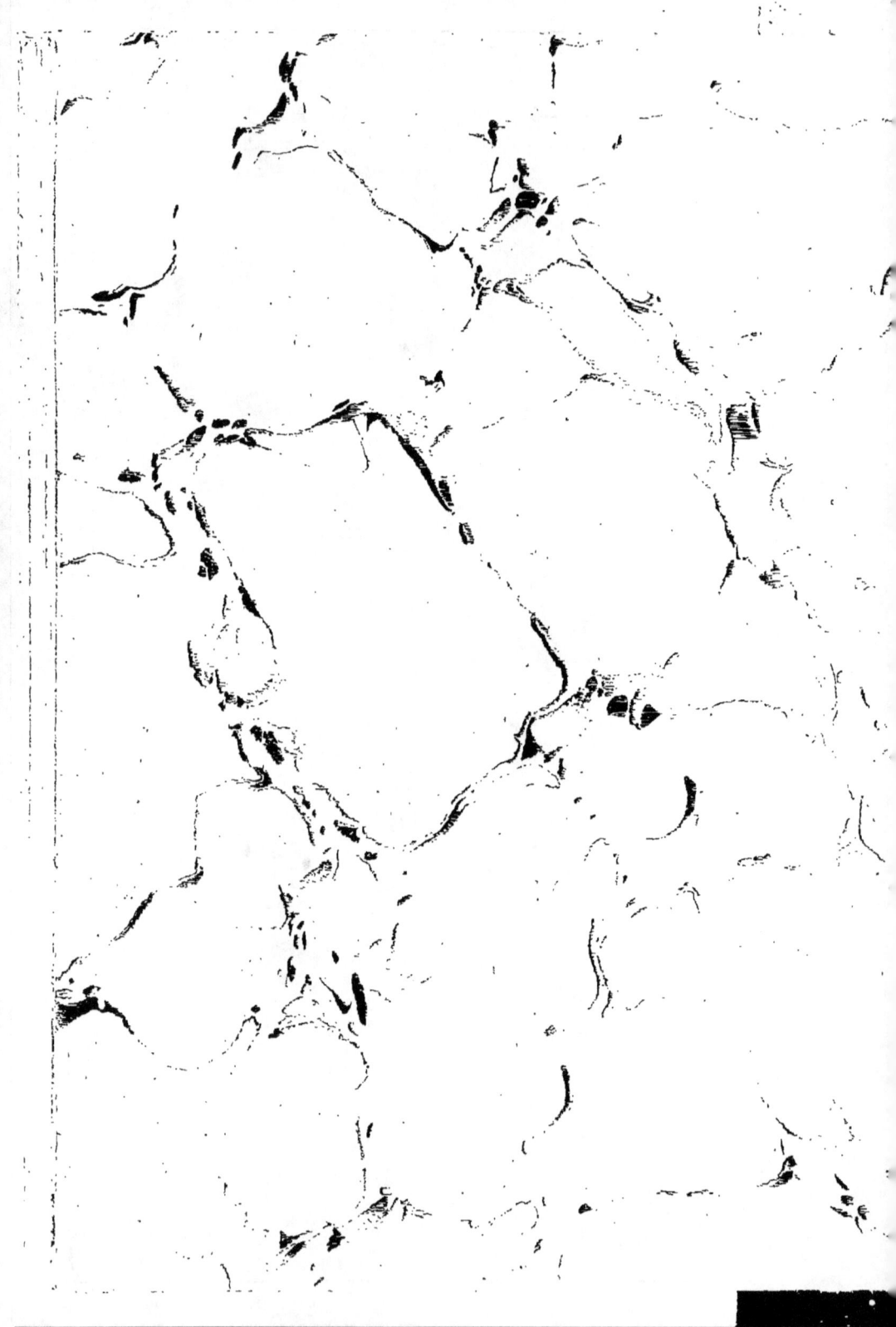

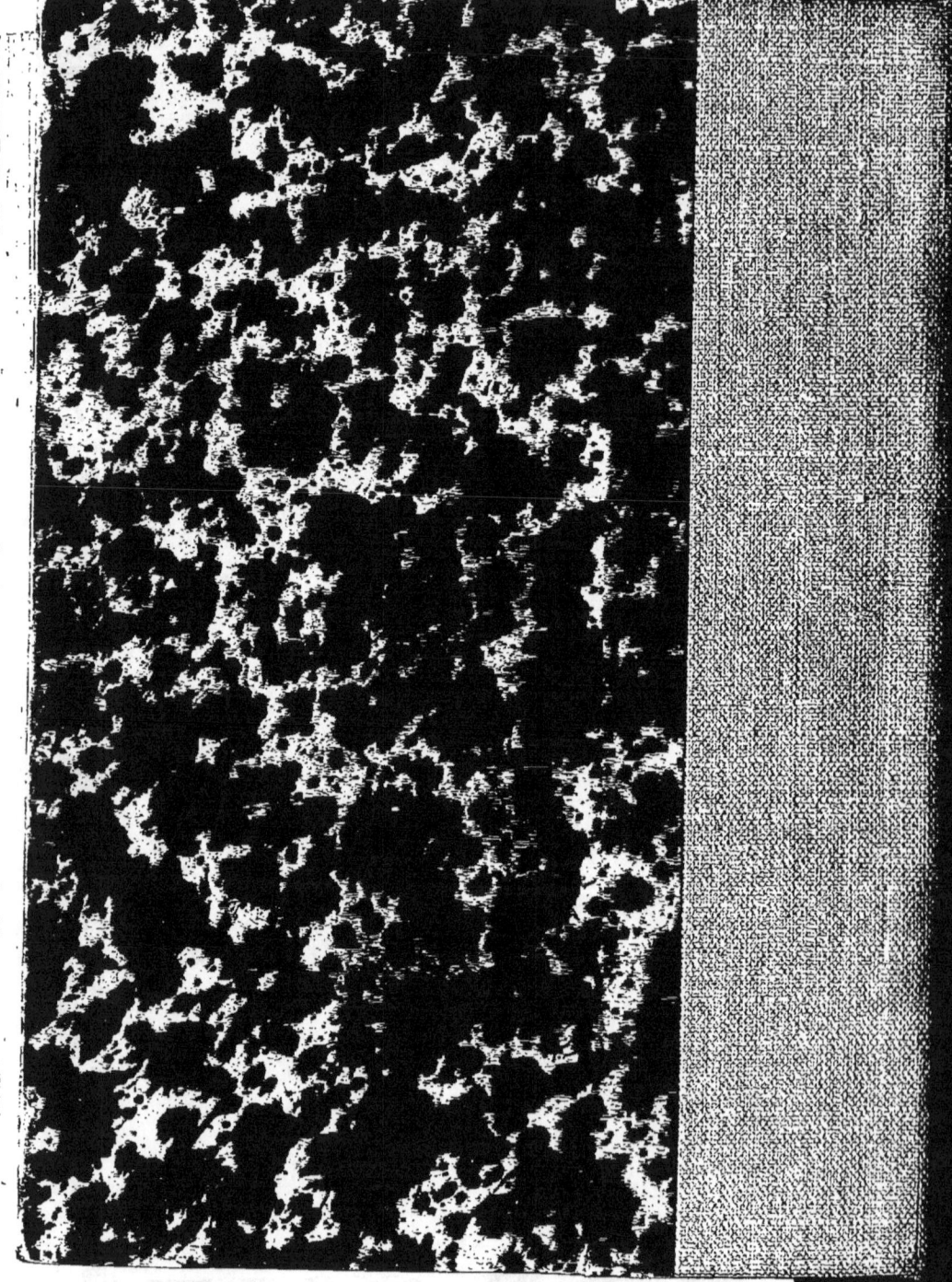

www.ingramcontent.com/pod-product-compliance
Lightning Source LLC
Chambersburg PA
CBHW050648170426
43200CB00008B/1203